Pour joindre l'auteur :
antoinespath@wanadoo.fr

Un ouvrage proposé par Nathalie Ferron

Maquette : Sébastienne Ocampo
Illustrations : Fotolia

17, rue du Regard
75006 Paris – France
ISBN : 979-10-285-0284-3
ISSN : 2425-4355

C'EST MALIN
POCHE

ANTOINE SPATH ALIX LEFIEF-DELCOURT

DÉJOUER LES PIÈGES DES MANIPULATEURS ET PERVERS NARCISSIQUES

Téléchargez 3 tests indispensables ! Rendez-vous page 191 !

LEDUC.S ÉDITIONS

SOMMAIRE

INTRODUCTION

Dans nos relations amoureuses ou amicales, au travail, chez le commerçant... nous sommes manipulés en permanence (et nous manipulons tous aussi un petit peu, avouons-le !). C'est un fait. Depuis quelques années, c'est aussi un sujet à la mode. Livres, magazines de presse féminine ou de management, sites de coachs et autres gourous de la communication... tous essaient de décrypter ce phénomène. Pourquoi aujourd'hui parle-t-on de plus en plus de la manipulation (et des pervers narcissiques) ? La manipulation serait-elle le fléau de nos sociétés modernes ? Ce qui est sûr, c'est que, si elle a toujours existé, elle bénéficie aujourd'hui d'un terrain propice à son expansion. Celui-ci résulte de plusieurs facteurs :

- **La perte de l'autorité.** C'est notamment le cas dans la famille. L'autorité paternelle traditionnelle a fait long feu. L'autorité parentale est devenue presque taboue et la question de la punition, voire de la fessée, de plus en plus suspecte (pour être peut-être un jour interdite par la loi ?). Les parents sont avides de conseils et de stratégies éducatives pour obtenir, sans s'épuiser physiquement et moralement, ce qu'ils désirent de leurs enfants. Autrefois, on ordonnait ; aujourd'hui, on manipule. On développe des stratégies éducatives et pédagogiques pour ne plus avoir à faire preuve d'autorité. La manipulation éducative devient la condition *sine qua non* pour collaborer et non plus se faire obéir ! À la répétition continue des mêmes consignes (« Lave-toi les dents », « Va te coucher »...) se sont substituées des stratégies plus subtiles (« Est-ce que tu veux te coucher à 19 h 30 ou à 20 h ? »). Le chantage classique (« Si tu es sage, tu pourras regarder la télévision »), lui, a été remplacé par des paroles plus ambiguës (« Es-tu capable de montrer autant de gentillesse qu'hier soir ? Cela te permettrait de regarder la télévision »). Quant aux menaces (« Si tu ne finis pas ton assiette, tu seras privé de dessert »), elles se sont transformées en insinuations moins agressives et moins directes (« Le dessert se gagne après avoir passé l'étape du plat principal »). Entre autres stratégies manipulatoires !

- **La compétition croissante et omniprésente dans tous les domaines de la vie.** La compétition exacerbée pour la réussite sociale, tant professionnelle que familiale et même de couple, impose des règles émergentes que l'on doit suivre. Pour y faire face, des stratégies inédites de conquête de la réussite voient le jour. Aujourd'hui, il ne suffit plus d'être bon pour réussir. Il faut paraître. Il faut être meilleur que l'autre coûte que coûte. Pour y parvenir, il faut assujettir l'autre, le manipuler pour obtenir ce que l'on veut de lui, quitte à le nier pour parvenir à ses fins.
- **L'individualisation de la société.** L'image sociale de chaque individu est devenue prépondérante : chacun se doit de défendre et d'imposer avant tout son image. Comme Narcisse tombe amoureux de sa représentation dans l'eau de la rivière, les nouveaux codes sociétaux imposent un culte de l'image individuelle dans lesquels beaucoup, à l'instar de Narcisse, peuvent se noyer. C'est là le cœur de la question pour le pervers narcissique, pathologie emblématique et représentative

de ces nouvelles émergences sociétales. Toutes ces contraintes multiplient les pathologies liées au narcissisme. D'innombrables stratégies manipulatoires se développent pour faire exister cette fameuse image de soi qui ne reste, au final, qu'une image spéculaire dépendante de ce que renvoie le miroir social. Les contraintes sociétales fonctionnent sur le mode du miroir mais il s'agit d'un miroir déformant. Elles renvoient une image qui n'est pas toujours en harmonie avec ses propres valeurs mais qui deviennent des lois. Autrefois, l'individu était envisagé dans son ensemble, il se définissait par son appartenance au groupe : il était avant tout le membre d'une famille. La pression sur son individualité était beaucoup moins grande car il était d'abord membre d'un groupe d'appartenance. Autrefois, on parlait de ménage ; aujourd'hui, il faut être performant pour faire exister son « couple ». On ne se posait pas de questions sur la parentalité. L'éducation était conçue comme un tout, et envisagée dans le cadre de la famille. Aujourd'hui, alors que l'isolement social augmente, l'individu se retrouve seul face à lui-même et se doit d'assurer dans tous les domaines de sa vie. La pression sociale est énorme : il faut être un bon parent, un bon amant, réussir sa vie professionnelle... et tout cela en même temps. Chaque fonction est surinvestie et on doit être parfait partout. L'individu, pour s'adapter ou pour défendre son image sociale, prend alors les atours du manipulateur afin de combler une représentation sociale qui peut parfois être défaillante. Ou alors, il devient une cible parfaite pour un manipulateur patenté, plein de promesses illusoires : « Tu dois être comme ci », « Tu dois faire comme cela »...

Cet ouvrage vise à vous faire prendre conscience que, si la manipulation est un mode de communication ordinaire dans nos sociétés, elle ne doit pas pour autant être acceptée comme telle. Poussée à l'extrême, elle peut en effet arriver à étouffer certains individus, au point d'annihiler leur identité propre. Repérer les petites manipulations ordinaires est la première étape pour réussir à déjouer les stratégies de plus grande ampleur.

1

LA MANIPULATION EST PARTOUT : OUVREZ L'ŒIL !

Chapitre 1

Petite définition de la manipulation

LES VISAGES FAMILIERS DE LA MANIPULATION

La manipulation est intrinsèquement liée au processus de communication. Elle consiste à utiliser des stratagèmes dans le but d'obtenir quelque chose de l'autre, de l'inciter à accomplir des actes qui vont dans son sens à lui (et non dans le sens de l'autre) et qui vont lui procurer un avantage. Quelle mère n'a jamais incité son enfant à terminer son assiette en prétextant que de nombreux enfants meurent de faim

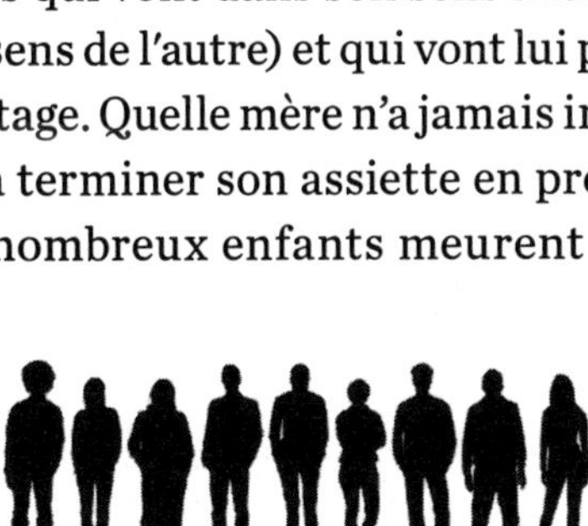

à l'autre bout de la planète ? Quel patron n'a jamais dit à son employé : « Vu vos compétences, vous allez pouvoir me boucler ce dossier en un rien de temps ? » Quel employé, à l'inverse, n'a jamais fait de zèle auprès de son boss dans l'espoir d'obtenir une promotion ? Quel mari n'a jamais offert un bouquet de fleurs à sa femme pour se faire pardonner l'oubli de son anniversaire ? Quelle femme n'a jamais dit à une amie : « Après tout ce qu'on a partagé ensemble, tu ne peux pas me faire ça ! » ou insisté pour sortir avec elle alors qu'elle vient de lui opposer un refus : « Allez, tu verras, on va bien s'amuser... » ? Chacun de nous est confronté, en permanence, dans toutes les sphères de sa vie, à des situations de manipulation, que ce soit dans le couple, le travail, la famille... Dans chacune de ces sphères, la manipulation revêt des visages différents. Mais il existe une constante : **la manipulation s'exerce toujours entre des personnes qui ont un lien entre elles**, qui représentent quelque chose l'une pour l'autre, et cela quelle que soit la nature de ce lien. Il peut être librement choisi (dans le cas du couple ou dans l'amitié par exemple), naturel (dans le cas de la famille) ou « subi » par la force des choses (dans le cas du travail).

Dans le couple : le couple est l'un des lieux privilégiés de la manipulation car il repose sur une relation entre deux personnes qui « s'engagent » l'une vis-à-vis de l'autre (voir la partie sur la théorie de l'engagement, p. 26). Dès la phase d'approche, la séduction peut être envisagée comme une forme de manipulation. À quoi servent les flatteries, les compliments ou les cadeaux sinon à s'attirer les faveurs de l'autre ? Loin d'être répréhensible, cette forme de manipulation est simplement inhérente aux relations humaines. Une fois la relation installée, l'amour, conçu à la base comme une relation bilatérale, partagée, peut, dans certains cas, tomber dans le rapport de forces. La manipulation affective peut être utilisée de manière ponctuelle par l'un ou l'autre pour obtenir ce qu'il désire. Les disputes et les mésententes font partie du quotidien de la vie de couple. Mais quand le couple dérape, c'est parfois parce que la relation d'amour s'est transformée en relation d'emprise. L'un des deux ne veut plus seulement obtenir quelque chose de l'autre, il veut lui enlever son pouvoir de décision, sa volonté, sa personnalité... La confusion est à son apogée quand la victime de l'emprise se méprend sur la nature de la relation et se laisse phagocyter par ce subterfuge manipulatoire. L'ambition du manipulateur est alors de s'assurer du pouvoir qu'il exerce sur sa victime et non de satisfaire le lien amoureux.

Dans le travail : la situation hiérarchique favorise la manipulation car d'emblée, une autorité est instaurée. On le voit bien : la manipulation est souvent le fait d'un supérieur sur son employé, et rarement l'inverse. Quand elle se déroule entre collègues (*a priori* de même niveau hiérarchique), il y a le plus souvent un enjeu de pouvoir, l'un et l'autre ayant des vues sur un poste plus important, ou l'un essayant d'écraser l'autre pour arriver à ses fins plus vite et plus efficacement. Au quotidien, les petits stratagèmes de manipulation pas toujours très avouables (pour chiper un dossier important à un collègue, pour se faire mousser auprès de son chef, pour obtenir une promotion, pour se motiver à faire des heures supplémentaires...) ne sont pas un délit, même s'ils peuvent parfois être difficiles à « digérer ». Mais quand ceux-ci deviennent répétés, ciblés, la manipulation peut se révéler destructrice. Ce que l'on appelle souvent « harcèlement moral » dans le monde de l'entreprise est particulièrement dangereux car il met en péril toute la vie de la victime, à la fois sur le plan professionnel (remise en question des compétences) et personnel (baisse d'estime de soi, dépression...). Malgré l'existence d'une législation qui vise à défendre et protéger les victimes, la manipulation perverse peut durer des années, sans qu'on puisse rien y faire, sauf prendre la fuite.

Dans la famille : la manipulation se déroule généralement entre l'enfant et ses parents, dans un sens comme dans un autre. La manipulation ordinaire n'a rien de malsain ou de répréhensible : le parent fait miroiter à son enfant une récompense pour l'inciter à terminer son assiette, à aller se coucher, à bien travailler à l'école... À l'inverse, l'enfant peut manipuler ses parents pour obtenir ce qu'il désire (un bonbon, un coucher plus tardif...) en utilisant divers stratagèmes, notamment la menace de faire une crise s'il n'obtient pas ce qu'il veut. Mais, dans certains cas, la manipulation devient perverse. Elle est le fait du parent qui refuse de voir son autorité remise en question et son enfant acquérir son autonomie et sa personnalité propre. Cette ambiance perverse et malsaine a des répercussions importantes sur la vie de l'enfant puis sur celle de l'adulte qu'il deviendra. Elle peut même le conduire à devenir, à son tour, un manipulateur, ou à répéter ce scénario de victime encore et encore.

Dans l'amitié : ici encore, la manipulation se joue autour de l'engagement. Se déclarer amis engage en effet à tenir un certain nombre de promesses, qu'elles soient explicites ou implicites. On ne se juge pas, on reste fidèle l'un à l'autre, on est prêt à s'épauler quoi qu'il arrive... Si la manipulation se joue principalement entre deux « meilleur(e)s ami(e)s », ce n'est pas un hasard. Cette relation intime, érigée au-dessus de toutes les autres, porte déjà en elle l'idée d'exclusivité, et donc de manipulation.

Dans la vie quotidienne : les occasions d'être manipulé sont très nombreuses. La publicité, le vendeur sur les marchés, le démarcheur à domicile... ils utilisent tous les mêmes techniques pour parvenir à leurs fins. Ils prétendent vous écouter et vous comprendre, vous flattent et gagnent votre confiance dans le seul et unique but de vous faire ouvrir votre porte-monnaie et vous faire acheter leurs produits sans trop vous poser de questions.

LES DIFFÉRENTS BUTS DE LA MANIPULATION

La manipulation est partout mais elle revêt des visages très différents. Pour bien comprendre ses enjeux, on peut distinguer **différents types de manipulation en fonction des buts poursuivis par celui qui manipule.** On peut schématiser ces différents buts de la manière suivante :

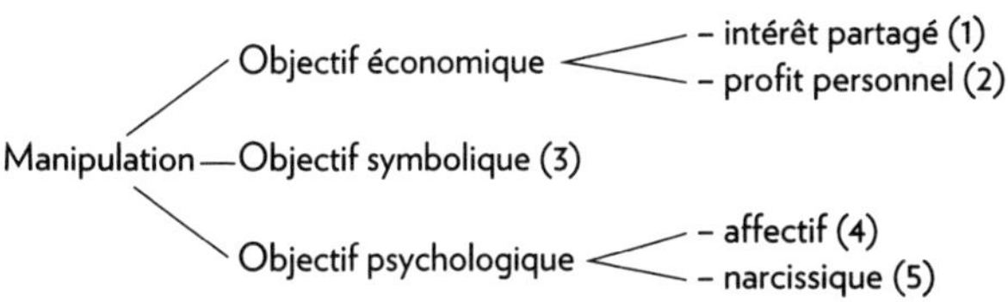

Exemples :

› *(1) Un couple d'amis vous montre les photos de ses dernières vacances à l'île Maurice… dans l'espoir de vous donner l'envie de partir avec eux cette année.*

› *(2) Dans un magasin de vêtements, une vendeuse vous flatte : « Cette tenue vous va à ravir. » Son objectif est clair : vous faire acheter le vêtement que vous êtes en train d'essayer.*

› *(3) Ici, le but de la manipulation est l'adhésion à un idéal religieux, politique ou idéologique. Elle regroupe les stratégies mises en œuvre par les sectes ou les partis politiques pour vous convaincre d'adhérer à leurs idées.*

- *(4) Votre conjoint vous dit : « De toute façon, je le sais bien, tu n'es plus amoureuse de moi comme au premier jour... ». Son objectif est que vous le rassuriez sur l'intensité de votre amour.*
- *(5) Au téléphone, votre amie vous raconte sa rupture amoureuse et se plaint : « Je ne suis pas belle, je ne suis pas intelligente, je ne plairai jamais à personne. » Ce qu'elle attend de vous : que vous lui disiez exactement le contraire, et donc la rassuriez sur l'image qu'elle se fait d'elle-même.*

Dans tous les cas, la manipulation vise à acquérir quelque chose de manquant, qu'il s'agisse d'une chose matérielle ou immatérielle. Elle implique un enjeu de pouvoir, de puissance. Elle a pour but d'emporter l'adhésion de l'autre, de faire basculer l'autorité et donc d'obtenir à son tour un pouvoir de décision. Cet enjeu autour de l'autorité permet également d'établir une gradation dans la manipulation, de la plus ordinaire à la plus perverse.

Manipulation « ordinaire » ⟶ Manipulation « perverse »
Pouvoir matériel (1) → Pouvoir moral (2) → Pouvoir sur l'image (3)

Exemples :

› *(1) L'enfant qui manipule sa mère pour acheter des bonbons le fait pour accéder à une certaine puissance qu'il n'a pas, pour pouvoir acquérir le pouvoir de décision qui lui échappe.*

› *(2) Le commercial qui manipule son acheteur potentiel cherche à influencer son pouvoir de décision, à prendre la décision à sa place, et à imposer son autorité d'« expert ».*

› *(3) Le pervers narcissique, lui, cherche à acquérir l'image qui lui fait défaut, à prendre le contrôle de la vie de l'autre, à être l'autre.*

MANIPULATION POSITIVE ET MANIPULATION PERVERSE

On l'a vu, la manipulation peut avoir des buts très différents. Mais ce qui distingue les différents cas de manipulation, c'est leur finalité. En effet, contrairement aux idées reçues, toute manipulation n'est pas forcément perverse.

Exemple :

› *Quand un commercial vous manipule pour vous inciter à acheter un vêtement ou un service, ce processus n'est pas forcément perverti. La personne ne fait finalement que son travail, sans objectif malsain derrière. En revanche, ce processus peut être perverti quand la manipulation a pour objectif la malveillance, la destruction de l'autre. En clair, quand il s'agit d'une escroquerie : le manipulateur veut vous faire croire que ce qu'il veut vous vendre, c'est de l'or alors que, en réalité, il ne s'agit que de métal doré !*

Voilà pourquoi on peut distinguer deux grands types de manipulation :

- D'un côté, **la manipulation normale, saine, utilisée comme une stratégie pour atteindre un but précis et limité dans le temps**. Dans ce cas, la manipulation peut même être positive : on peut manipuler l'autre « pour son bien », par amour, par compassion... ou même dans un but constructif (c'est le cas, par exemple, de la séduction amoureuse). Le mensonge « honnête » permet de limiter la violence d'une vérité. Amener un enfant à travailler mieux à l'école en utilisant quelques astuces de langage ou suggérer des images mentales pour atténuer la douleur d'un malade sont des petites manipulations du quotidien qui visent une finalité positive pour le manipulé. La manipulation positive amène un plus à l'autre ; elle est au profit de l'autre ! C'est évidemment ce qui la distingue de la manipulation perverse.

- De l'autre côté, **la manipulation malsaine et perverse, construite autour de l'idée que l'autre n'existe pas vraiment ou qu'il n'existe qu'au profit du manipulateur.** C'est à partir de ce moment-là que l'on peut parler de situation d'emprise (voir p. 92). Le cas extrême et sans doute le plus médiatisé, c'est celui du pervers narcissique (sur lequel nous reviendrons dans la suite de cet ouvrage), dont le but ultime est de s'accaparer l'image de l'autre et d'établir une emprise totale sur lui, jusqu'à l'anéantir.

LES PORTES D'ENTRÉE DE LA MANIPULATION

Comment tout cela commence-t-il ? Pourquoi certaines personnes se laissent-elles manipuler par d'autres et pourquoi, à un moment, ne peuvent-elles plus revenir en arrière ? Différents axes comme la **théorie de l'engagement** ou la **loi de la réciprocité** peuvent permettre de mieux comprendre ce phénomène.

La théorie de l'engagement

Le pivot central, dans toute situation de manipulation, c'est l'engagement. La manipulation commence à partir du moment où l'on dit « oui », à partir du moment où l'on accepte de réaliser un acte en apparence anodin mais qui prédispose en réalité à une implication plus importante, plus « engageante » par la suite. En quelque sorte, on est amené à s'engager malgré soi. Et ceci est valable dans tous les domaines, que ce soit dans le monde de l'entreprise, dans le couple, dans l'amitié... Une personne sonne à votre porte pour vous vendre un bien ou un service et vous lui ouvrez la porte ? À partir du moment où vous acceptez de réaliser cet acte en apparence anodin (ouvrir la porte), vous êtes susceptible d'accepter encore plus par la suite et donc de tomber dans le piège de la manipulation. On appelle d'ailleurs cette technique le « pied dans la porte » ou « escalade dans l'engagement ». **Une autre expression très populaire**

illustre également parfaitement cette théorie : « mettre le doigt dans l'engrenage ».

C'est le professeur de psychologie sociale Charles Kiesler qui, en 1971, construit la théorie que l'on appellera théorie de l'engagement. Ce sont ensuite les chercheurs en psychologie sociale Robert-Vincent Joule et Jean-Léon Beauvois* qui, en 1987-1988 en France, approfondissent ce cadre théorique de la manipulation en y introduisant la notion de motivation interne. Cette théorie peut se résumer ainsi : **plus un individu est amené à accomplir un acte minimum vers un changement d'attitude, plus cet individu aura tendance à se conformer à son acte initial, à le pérenniser et à le justifier. Plus il y consentira avec le sentiment de liberté, plus son changement d'attitude sera validé et renforcé.**

Dans les années 1970, un chercheur américain a ainsi montré qu'une personne faisant la manche avait plus de chances d'obtenir de l'argent de la part d'une autre personne si elle lui demandait,

---

* Auteurs notamment du *Petit traité de manipulation à l'usage des honnêtes gens* (PUG, 2014, édition augmentée) et de *La soumission librement consentie* (PUF, 2010, édition revue et corrigée).

dans un premier temps, une information qui n'avait pas d'implication. Il a ainsi démontré qu'un mendiant avait quatre fois plus de chances d'obtenir d'un passant une pièce de monnaie s'il commençait d'abord par lui demander l'heure ! Si vous acceptez de renseigner quelqu'un ou si vous répondez à son bonjour, vous donnerez plus facilement un euro que si la personne vous le demandait directement. Répondre à un bonjour ou être vu en train de rendre ce service minimum qui est de donner l'heure, constitue **un acte qui lie et engage déjà *a minima* avec cette personne**. Plus une personne se sent engagée dans un acte, et plus elle a le sentiment d'avoir accepté librement d'accomplir cet acte, plus elle se radicalisera dans son choix ou sa décision. **Les actes nous engagent beaucoup plus que les idées ou même les sentiments.** De la même manière, une personne qui prendra une décision d'engagement librement choisie se sentira beaucoup plus engagée qu'une personne qui prendra une décision sous état de contrainte.

Dans toute situation de manipulation, c'est le même scénario. Plus on dit oui à quelque chose, plus on s'engage à agir dans le même sens en continuant à dire oui, afin de rester en cohérence avec soi-même. Plus on dit oui un certain nombre de fois, plus il est difficile de dire non par la suite. C'est ce que l'on appelle **le besoin de consistance interne ou de consonance cognitive.** À partir du moment où l'on dit oui une fois, deux fois, trois fois, il est beaucoup plus difficile ensuite de revenir en arrière. C'est en effet la perception de soi-même qui est en jeu. Ainsi, le fait d'accepter de donner l'heure à quelqu'un permet de se prouver que l'on est quelqu'un de généreux et d'ouvert aux autres. En refusant ensuite de donner quelques centimes à cette même personne, on viendrait contredire cette image que l'on vient de se créer.

Un individu soumis a un changement d'acte ou d'attitude, que celui-ci soit contraint ou librement choisi, sera amené à développer **un mécanisme de rationalisation pour rétablir un équilibre et une cohérence dans ses pensées.** Car un choix ou une décision implique de mettre en balance plusieurs hypothèses qui peuvent se contredire. S'il y a contradiction entre ces différentes hypothèses, on se trouve confronté à ce que les sciences cognitives appellent une « dissonance cognitive ». C'est le psychosociologue américain Léon Festinger qui a développé cette approche : il montre qu'après avoir fait le choix d'un acte décisionnel qui engage, que celui-ci soit bon ou mauvais pour soi, il existe une tendance à surévaluer son choix et à sous-évaluer les options non choisies. Ce qui explique que parfois l'on s'entête dans une attitude, même si celle-ci ne nous est pas adaptée. On peut ainsi se mettre dans une attitude de rationalisation plus ou moins cohérente pour réduire la tension qu'un acte d'engagement inadapté nous impose. Si par exemple nous votons pour un parti politique et que celui-ci fait passer des lois contraires à nos idées initiales, nous allons rationaliser nos pensées pour pouvoir les faire s'ajuster à notre acte initial de choix de vote. L'isoloir contribue à donner le sentiment de totale liberté de choix et par là même à renforcer la soumission à notre choix.

La théorie de l'engagement peut ainsi se décliner dans tous les domaines de la vie quotidienne.

- **Dans le couple,** l'engagement est la base même de la relation. Le couple, et c'est là certainement l'une de ces fonctions, est une succession d'engagements : le choix d'un appartement, la naissance des enfants, l'orientation éducative qu'on veut leur donner, les amis en commun sont autant de liants que le fameux grand amour éternel... On s'engage envers l'autre « pour le meilleur et pour le pire ». À partir du moment où l'on dit « je t'aime » à quelqu'un et qu'on le lui prouve par un acte d'engagement, on se soumet plus facilement à la loi de l'amour avec ce qu'elle implique en termes de contraintes et d'obligations. L'engagement est parfois la racine de la soumission. Ne dit-on pas qu'il n'existe que des preuves d'amour...

- **Dans le travail,** un employé qui arrive dans un nouveau poste s'engage à donner le meilleur de lui-même. C'est aussi une forme d'engagement. Il ne peut plus revenir en arrière et va tout faire pour rester en cohérence avec lui-même et avec son engagement initial.
- **Dans les sectes,** le processus est exactement du même ordre. Aux nouveaux adeptes, on pose la question : « Tu veux avoir une vie meilleure, tu veux connaître les secrets cachés de notre ordre ? », puis « Et pour cela, tu es prêt à faire des sacrifices ? », « Tu t'engages donc librement à faire cela ? »... Autant de questions auxquelles ils ne peuvent répondre que oui. L'acceptation est progressive et la soumission est en marche.

Le principe du don et du contre-don ou la loi de la réciprocité

À la théorie de l'engagement s'ajoute la loi de la réciprocité, fondée sur le principe du don et du contre-don, qui joue un rôle essentiel dans les situations de manipulation. Cette loi est valable dans tous les domaines, et notamment celui du commerce : quel est le but du commerçant qui vous fait goûter ses produits, sinon de vous les vendre ? Il vous donne quelque chose, vous vous sentez redevable et les lui achetez en retour.

C'est à partir des études sur la place du don dans les sociétés primitives, recherches menées par l'anthropologue Marcel Mauss* au début du siècle dernier, que la loi de la réciprocité est née. « Quelle force y a-t-il dans la chose qu'on donne qui fait que le donataire la rend ? », demande-t-il. **Dans les sociétés primitives, le don, loin d'être l'expression d'une pure générosité gratuite, est en fait un mode d'organisation social structuré.** Ces codes sociaux obligent à donner, à recevoir et à rendre. Refuser de donner ou de prendre implique une situation de conflit et ne pas pouvoir rendre à la hauteur de ce que l'on

---

* Dans « Essai sur le don. Forme et raison de l'échange dans les sociétés archaïques », *L'Année sociologique*, 1923-1924.

a reçu induit pour le donataire une position d'infériorité, voire de soumission.

Le don, dans nos contrées *a priori* moins primitives, est l'action de donner quelque chose sans contrepartie apparente, de manière totalement désintéressée. En réalité, dans notre culture judéo-chrétienne, **le don implique également l'idée du contre-don : le receveur se sent dans l'obligation de donner à son tour en retour.** Le problème est qu'il ne s'agit pas là d'une relation marchande, puisque le don exclut la notion de valeur, surtout dans notre culture chrétienne. Le Christ n'a-t-il pas fait don de sa vie pour sauver les hommes ? Il n'attendait rien en retour.

Dans notre conception occidentale, le don est un acte gratuit, sans contrepartie. Pourtant, pauvres hommes occidentalisés et christianisés, nous réagissons comme ces hommes archaïques de ces cultures si éloignées. Et cela, le manipulateur en a parfaitement conscience. **Lorsque nous recevons, nous nous obligeons à rendre, et c'est cette loi de la réciprocité que notre manipulateur patenté va utiliser à son propre profit.** Or le don et le contre-don fonctionnent sur des logiques où les valeurs d'échange ne sont pas parfaitement quantifiables ou étalonnables avec une monnaie représentative : il est impossible de « rétribuer » à sa juste valeur un don qui nous a été fait. La monnaie établit symboliquement une valeur d'échange équitable car elle permet relativement de fixer la valeur d'échange. Le don, qui n'est plus codifié et ritualisé dans nos sociétés, ne permet plus systématiquement d'établir une équité dans l'échange.

En prenant le pas sur un échange « équitable », le don ouvre alors la porte à la confusion et donc à la manipulation. Dans l'entreprise par exemple, le fait d'envisager le salaire comme un don aux salariés (et non comme une transaction marchande entre l'entreprise et lesdits salariés, en échange de leurs services et de leur temps) fait basculer la relation dans l'asservissement. La confusion règne car il devient difficile de savoir où mettre les limites. C'est souvent le cas dans le statut de cadre car le salaire ne correspond plus à un nombre d'heures payées bien défini, à une transaction bien codifiée et étalonnée, mais à quelque chose de beaucoup plus flou. Le salarié est alors amené à tout accepter (notamment les heures supplémentaires). C'est là que surgit la faille, où vient s'engouffrer le manipulateur qui pourra utiliser cette ambiguïté pour demander en réciprocité d'un salaire vécu comme un don encore plus d'heures de travail !

Cette approche de la manipulation est également à l'œuvre dans les sectes. Celles-ci promettent à leurs adeptes un accès à Dieu en illimité. En retour, les adeptes donnent à leur tour leur vie à Dieu (et leur argent à la secte !). La réciprocité n'est plus tout à fait égale. **Les manipulateurs ont parfaitement compris la stratégie du don excessif, d'où l'idée du cadeau empoisonné qui crée cette dette** (voir p. 40). Donner donne un pouvoir surtout si le don est démesuré et que l'autre ne peut rendre à la hauteur de ce qui lui a été donné. Lorsque l'on donne quelque chose de manière excessive sans que cela soit corrélé à une réalité contextuelle, on perd la notion d'équité. Et on bascule donc inévitablement dans une relation d'emprise, une situation déséquilibrée qui amène l'autre à une attitude de soumission. C'est de cette soumission que raffole un manipulateur patenté.

La soumission à l'autorité

Il existe en chacun de nous **une attitude plus ou moins spontanée qui consiste à se soumettre aux décisions ou aux injonctions d'une autorité compétente**. Cette soumission à l'autorité peut aller jusqu'à la limite du supportable. Dans les années 1960, le psychologue américain Stanley Milgram a mené une expérience aujourd'hui devenue célèbre et connue sous le nom d'« **expérience de Milgram** ». Son objectif était d'évaluer le degré d'obéissance d'une personne à des ordres pouvant aller contre la morale mais émanant d'une autorité censée valider l'expérimentation. Pour cela, il a demandé à des hommes âgés de 20 à 50 ans de jouer tour à tour le rôle d'enseignants. L'« élève » (en réalité un comparse de l'expérimentateur) devait réciter une suite de mots. En cas d'erreur, l'enseignant, encouragé par l'expérimentateur présent en permanence à ses côtés pour lui donner l'ordre de continuer, devait lui envoyer des décharges électriques de plus en plus fortes. L'objectif annoncé au candidat enseignant était de mesurer l'efficacité de la punition dans l'apprentissage d'une tâche. En échange de leur participation à l'expérience, les candidats recevaient une somme d'argent intéressante. Dans la réalité, les décharges électriques étaient bien sûr factices (l'élève mimait des réactions de douleur de plus en plus intenses), mais l'enseignant ne le savait pas.

Cette expérience a montré que les deux tiers des sujets ont envoyé des décharges électriques pouvant aller jusqu'à 450 volts, qui constitue la limite où l'expérimentateur arrêta l'expérience ! Elle démontre donc **la puissance de l'autorité comme instrument d'influence et évidemment de possible manipulation.** Dans la vie quotidienne aussi, on peut parfois se retrouver dans ce genre de situation : en abandonnant son autonomie et tout esprit critique, on devient alors l'agent de la volonté d'autrui. Il existe certainement, dans l'enfance, un apprentissage d'une norme de soumission liée à l'éducation parentale. Cette norme est intériorisée avec plus ou moins de prégnance selon les personnes.

Chapitre 2

Les différents outils du manipulateur

Pour mener à bien sa stratégie de manipulation, que ses intentions soient positives ou de nature perverse, le manipulateur utilise un certain nombre de techniques bien rodées.

SÉDUIRE POUR MIEUX FAIRE TOMBER DANS LES MAILLES DU FILET

Ces outils de séduction sont particulièrement utilisés dans la première phase de la manipulation, celle de la « lune de miel » (voir p. 79). Le manipulateur se montre généreux en cadeaux mais aussi en compliments. Son objectif :

apparaître sous son meilleur jour mais aussi amadouer sa victime de manière à la mettre sous son emprise.

Le cadeau empoisonné

On l'a vu un peu plus haut : dans la première phase de la manipulation, le prédateur est prêt à tout vous donner. Dans un couple, il vous offre de nombreux cadeaux, dont certains paraissent même démesurés (« C'est de la folie ! »), vous invite sans cesse au restaurant, vous couvre d'attentions, est sans cesse aux petits soins pour vous... Autant de cadeaux qui vous font plaisir et que vous ne pouvez pas refuser. Comment dire non devant tant de générosité ?

En réalité, ces cadeaux sont empoisonnés. **Le manipulateur détourne à sa manière la convention sociale qui veut que, quand on nous donne un avantage, quelle que soit sa nature, on doit rendre ce même avantage** (la fameuse loi de la réciprocité, voir p. 32). Cela ne concerne pas seulement les biens matériels, comme les objets ou les invitations à dîner, mais aussi les biens plus symboliques : le fait de rendre un service, de donner de son (précieux) temps, de permettre à l'autre d'accéder à un certain statut social, de promettre à l'autre une sécurité affective sur la durée (« Tu pourras toujours compter sur moi »...). Résultat : vous vous sentez redevable et prêt à accepter plus facilement ce que votre généreux donateur sera éventuellement susceptible de vous demander par la suite. Chez le pervers narcissiques, ces dons sont même systématiquement réfléchis, organisés, planifiés : il a mené une véritable enquête pour savoir ce dont sa victime a envie, a besoin, désire... afin de toucher sa cible en plein cœur. Ces cadeaux sont donc loin d'être innocents car, le pervers narcissique le sait, ils répondent à un désir profond.

Cette logique du cadeau empoisonné est d'autant plus dangereuse qu'elle fonctionne quel que soit le degré de sympathie que vous éprouvez vis-à-vis de votre donateur. Qu'il s'agisse d'un inconnu, d'une personne de votre entourage que vous appréciez ou même que vous détestez, vous vous sentirez redevable de la même façon.

De manière générale, **plus le cadeau s'éloigne d'un bien matériel, plus la manipulation devient forte et complexe.** En effet, le bien matériel est « étalonnable ». En clair, il a une valeur que l'on peut quantifier. Un bouquet de fleurs coûte à peu près tant, une invitation à dîner à peu près tant... Si l'on veut donner en retour, il est facile de se faire une idée de la valeur du cadeau. En revanche, comment quantifier un cadeau affectif ? Comment « rendre la pareille » quand on vous a rendu un petit service, apparemment anodin, mais qui vous a permis de réussir un examen par exemple ? Ou quand on vous a permis de sortir de votre milieu populaire pour accéder aux hautes sphères de la grande bourgeoisie ? En retour, vous vous sentez naturellement redevable à jamais. Il n'y a plus de limites et le manipulateur a le champ libre pour agir à sa guise. **Plus le cadeau est disproportionné, plus il engendre une emprise importante sur l'autre.** En effet, plus il est excessif, plus il assomme. Il étourdit, il crée une confusion extrême. Or c'est justement l'une des principales voies de manipulation utilisées par le prédateur (voir p. 67). Le summum est atteint quand on vous sauve la vie (« Je ne pourrai jamais te remercier assez ! »). Cette technique est particulièrement présente dans les sectes par exemple : elles promettent à leurs adeptes le paradis sur Terre, une vie sans conflit et de plein épanouissement, où le mal aurait totalement disparu. Comment remercier à sa juste valeur ce cadeau si ce n'est en donnant sa vie, sa personne, ses enfants – et au passage tout son argent – à un si généreux donateur ?

Les flatteries excessives

Les compliments permanents, la flatterie excessive sont d'autres formes de cadeaux, empoisonnés eux aussi. Dans ce cas précis, le manipulateur n'offre pas à sa victime un objet ou un bien symbolique, mais l'inonde de petites phrases qui flattent son ego. **Il la caresse dans le sens du poil afin d'obtenir, en fin de compte, ce qu'il désire.** Exemple : « Toi qui es une pro de l'organisation, tu vas sûrement réussir à traiter ce dossier avant la fin de la semaine », « Toi qui sais gérer les enfants, cela ne te dérangera pas si je te confie le mien pour la soirée »...

L'objectif pour le prédateur est, encore une fois, de mettre l'autre « dans sa poche » tout en se montrant sous son meilleur jour. Comment refuser quelque chose à une personne qui vous tient en si haute estime (même si, en réalité, elle est totalement fausse) ?

Cette flatterie excessive, fréquente dans la première phase de la manipulation, est **d'autant plus pernicieuse, qu'elle prépare le terrain à la dévalorisation**, qui prendra place dans un second temps (voir p. 82). Toutes les qualités qui ont été soulignées, valorisées seront alors critiquées, annihilées.

LE REFUS D'UNE COMMUNICATION DIRECTE ET L'ART DE NE JAMAIS S'ENGAGER

L'objectif premier du manipulateur est de créer une certaine confusion dans l'esprit de sa victime (voir p. 67). Pour cela, il utilise dans son discours un certain nombre de techniques qui visent à brouiller le message, à le rendre flou et imprécis. Il a un art du dialogue bien à lui ! Au-delà de la confusion créée dans l'esprit de sa victime, cette méthode lui permet aussi de ne jamais s'engager personnellement, et donc de reporter toutes les fautes potentielles sur l'autre, son futur bouc émissaire.

Le flou

Un manipulateur refuse toujours la communication directe et simple. **Avec lui, rien n'est jamais clair et net. Il ne formulera par exemple jamais de question ou de demande précise** du type « Je veux que tu fasses ceci, à tel endroit, avec telle personne, dans tel délai, dans tel but ». Ses demandes ou ses questions seront toujours équivoques (ce qui lui permettra par la suite de reprocher à l'autre de ne pas l'avoir compris) et/ou incomplètes (il manquera à coup sûr une partie importante de l'information).

De la même manière, ses réponses aussi seront toujours floues, diluées, déviées de leur sens originel. Car toute question ou réponse précise implique de s'engager dans son propos. Or prendre position est impossible pour une personnalité manipulatrice tant qu'elle n'a pas obtenu ce qu'elle souhaitait ! La difficulté majeure d'un manipulateur, c'est en effet de se positionner clairement dans une relation. Il a besoin d'utiliser ces artifices pour contrôler la relation. Si on lui demande de préciser son propos, il utilisera des pirouettes pour se défausser de ses propos initiaux. Par exemple : « Tu n'as qu'à aller vérifier dans le dictionnaire » ou bien encore « Ce n'est pas moi qui le dis, c'est Untel ! ». Ou bien il enchaînera sur un autre sujet, il détournera la conversation si le sujet le gêne ou s'il implique de s'engager ou de donner son avis.

Le manipulateur a pour but de **brouiller la communication, tant sur le fond que sur la forme.** Il utilise ainsi des stratagèmes bien précis :

- Il a pour habitude de **murmurer** plutôt que de parler distinctement. S'il parle fort, ce sera de manière ostentatoire pour épater, montrer sa prestance ou séduire. Il aime aussi parler sans s'adresser directement à la personne, en étant par exemple déjà à moitié sorti de son bureau... Cela lui permettra ensuite de reprocher à l'autre de ne pas l'avoir écouté.
- Il a également pour habitude de **ne pas finir ses phrases**, de les laisser en suspens.
- Il emploie des **mots vagues** qui peuvent être interprétés par son interlocuteur de différentes manières (et évidemment, sa victime choisira toujours la mauvaise !).

La double contrainte ou « double bind »

La double contrainte (ou *double bind* en anglais) est une technique de manipulation très connue. Elle consiste à délivrer à une personne deux messages opposés qui deviennent alors une injonction paradoxale. L'exemple caricatural, celui d'une mère ou d'un père qui dit à son fils : « Tu es un grand homme maintenant, mon petit garçon ! » Résultat : **la personne à qui cette phrase est adressée ne sait plus vraiment où se placer ni quel comportement adopter.** Encore une fois, elle est en état de confusion. Elle ne peut pas suivre en même temps les deux injonctions, car elles sont opposées. Un bon moyen pour le manipulateur, champion des contradictions, de vous dire que vous n'avez pas fait le bon choix !

Cette double contrainte peut être plus ou moins subtile. Elle peut passer par les mots mais aussi par les attitudes. Dans certains cas, les deux messages sont exprimés verbalement. Dans d'autres cas, le premier message est exprimé verbalement et l'autre non-verbalement.

Exemple 1 : un patron demande à son employé :

« Patrick, j'aimerais bien que vous donniez un coup d'accélérateur sur ce dossier, il faudrait le boucler avant la fin de la semaine. Mais évitez de faire des heures sup, vous avez déjà explosé votre quota ce mois-ci. » Résultat : l'employé se retrouve dans une situation inextricable. D'un côté, son supérieur lui demande de travailler plus ; de l'autre, il ne veut pas qu'il fasse d'heures supplémentaires.

Exemple 2 : après une grosse crise de colère, une mère, encore très énervée et avec le visage fermé, dit à sa fille de 4 ans :

« Allez, viens me faire un câlin ». Ici, le paradoxe réside dans le fait que la mère prononce une phrase positive à l'égard de sa fille, tout en adoptant un comportement qui veut dire l'inverse (elle est énervée, elle a le visage fermé et donc une attitude de retrait).

Le changement constant d'opinion

Non seulement le manipulateur a l'art de ne jamais donner d'avis précis sur une question mais en plus, dès qu'il manifeste un semblant d'opinion, celle-ci change en permanence. Un vrai yoyo ! Il n'y a que les imbéciles qui ne changent pas d'avis, nous direz-vous. Exact, mais les manipulateurs, eux, le font constamment, sur tous les sujets, et surtout sans jamais le reconnaître. **Ils nient farouchement avoir changé d'avis, quitte à devenir agressifs et à reporter la faute sur l'autre.** Le tout avec un aplomb et une assurance qui laissent pantois : « Je n'ai jamais dit ça », « Tu as mal compris », « Je ne sais pas d'où tu tiens cela, mais c'est complètement faux »... Le manipulateur ne se remet jamais en question. Normal car dans son esprit, il a toujours raison.

L'art de faire ou de demander les choses à la dernière minute

Le manipulateur a **l'art de s'y prendre à la dernière minute pour demander quelque chose.** Ou de prévenir à la toute dernière minute qu'il ne pourra pas être là à telle ou telle réunion, ou bien à tel ou tel dîner. Ou encore de changer les conditions au tout dernier moment : il modifie le lieu d'un rendez-vous, décale la réunion d'une heure... C'est non seulement une preuve de son égocentrisme (car il ne prend à aucun moment en compte les besoins et les attentes des autres) mais c'est aussi un moyen pour lui de bloquer toute opposition ou toute contestation. Vous êtes mis devant le fait accompli, il passe outre purement et simplement votre droit de réponse ou votre liberté d'expression. Impossible pour vous de faire quoi que ce soit à deux minutes du début de la réunion ou du dîner !

Il arrive quand même, mais en retard ? **Hors de question pour lui de s'excuser :** c'est toujours la faute des autres (les embouteillages, un collègue un peu trop collant...) et lui n'est qu'une victime. Ou alors il avait une réunion très importante ou un dossier ultra-sensible à boucler (sous-entendu, « Moi je suis important et vous ne pouvez pas comprendre »).

Les phrases toutes faites, la généralisation

Le manipulateur utilise fréquemment des allusions, des métaphores, des références parfois obscures, des idées reçues, des généralisations... **Son discours donnera souvent l'illusion d'une certaine logique, mais l'intentionnalité cachée derrière recouvre en vérité un reproche ou une culpabilisation.**

L'utilisation d'intermédiaires

Toujours dans l'idée de refuser une communication claire et directe, **le manipulateur aime se servir d'intermédiaires pour faire passer ses messages.** Au lieu de faire un reproche direct, il peut ainsi utiliser la formule suivante : « Quelqu'un m'a dit que tu avais fait ceci ou cela, que tu avais du retard sur tel ou tel dossier. » Autre astuce utilisée : demander à une tierce personne de transmettre le message à l'intéressé. Ou bien utiliser un moyen détourné pour faire passer une information, par exemple inviter à une réunion une personne qui n'était pas censée y assister pour qu'elle entende une information qui lui est en réalité destinée. Dans la même logique, le manipulateur utilise souvent les petits papiers griffonnés pour faire ses demandes ou faire passer une information : un bon moyen pour priver l'autre de son droit de réponse. C'est aussi un fervent utilisateur du téléphone (celui qui appelle garde la maîtrise de la conversation et raccroche quand il le décide). Autant d'astuces qui lui permettent de ne pas être en communication directe avec sa victime, de limiter le dialogue et donc de rester flou autant qu'il le souhaite !

Le manipulateur peut aussi utiliser la mise en avant de références scientifiques, de sondages... Ainsi, il ne s'engage pas personnellement : ce n'est pas lui qui le dit, ce sont les autres, soit des experts en la matière (impossible de les contredire !) soit la majorité des personnes sondées (si tout le monde le fait, c'est impossible d'être dans le faux). Son but : vous simplifier la tâche, vous aider à faire le bon choix en vous apportant des garanties sérieuses et rassurantes. L'exemple social est ainsi utilisé comme l'étalon d'une conformité qui lui sert à souligner votre éloignement de l'esprit d'un groupe ou d'une convenance, et vous contraint à adopter une conformité plus proche de ce qu'il souhaite de vous. C'est ce désir de conformité qui est invoqué et convoqué comme argument dans les reproches et les persécutions des pervers narcissiques : « Tu n'es pas comme toutes les femmes devraient être », « Tu n'es pas à la hauteur de ton diplôme »... Cette technique est aussi largement utilisée dans la publicité : on la retrouve dans de nombreuses formules du type « 89 % des personnes qui l'ont essayé l'ont approuvé », « Plus de 10 000 personnes déjà convaincues », « Recommandé par l'association des experts en... », et bien d'autres encore !

Le truisme

Le truisme est l'art de dire des évidences. Utilisé dans un contexte de manipulation, **il permet au manipulateur d'amener sa victime à être d'accord avec elle alors qu'il n'y a en réalité aucune autre voie possible, de faire des suggestions qui seront ainsi plus facilement acceptées,** de l'anesthésier en quelque sorte. Pour obtenir ce que l'on veut de quelqu'un, c'est tellement plus sûr que de lui poser la question directement (et de risquer un refus !).

L'art de prêcher le faux pour savoir le vrai

Cette technique est largement utilisée dans le contexte de la manipulation. Elle consiste à **tendre une perche à son interlocuteur, sous la forme d'une fausse information ou d'une information déformée, afin que l'autre se dévoile ou en dise un peu plus.** Ainsi, le manipulateur obtient plus facilement une information que s'il pose la question directement.

> ***Exemple :*** *votre boss vous convoque dans son bureau et vous dit : « Il paraît que vous avez des difficultés relationnelles avec votre collègue sur ce dossier », sans vraiment connaître votre situation. Vous lui confiez alors qu'on ne peut pas vraiment parler de difficultés relationnelles mais que vous avez quelques désaccords importants qui vous empêchent d'avancer comme vous le souhaitez. Si votre boss vous avait posé la question directement : « Comment ça se passe avec Untel sur le dossier ? », vous lui auriez peut-être répondu tout autre chose car vous n'auriez pas été alerté sur sa connaissance de la situation relationnelle avec votre collègue...*

L'illusion du libre arbitre

Cette technique consiste à donner à l'autre l'illusion que c'est lui qui a décidé de l'action à mener **alors qu'en réalité, il n'a fait aucun choix ! Pire même, il s'est, au final, plié aux desideratas de son interlocuteur.** Cette technique, nous pouvons tous la pratiquer au quotidien, sans même nous en rendre compte mais rassurez-vous, cela ne fait pas forcément de nous des manipulateurs !

> ***Exemple :*** *votre enfant de 3 ans a du mal à aller se coucher le soir. Pour le motiver, vous lui posez la question : tu préfères te coucher à 19 h 30 ou à 20 h ? Il répondra logiquement à 20 h, pour se coucher le plus tard possible et donc avoir l'illusion d'avoir « gagné ». En réalité, c'est vous qui lui avez imposé ce choix. Vous avez même réussi à parvenir à vos fins : le faire se coucher tôt !*

Cette technique peut également prendre la forme de l'« essaimage ». Le principe est d'**essaimer dans le discours certains propos (positifs ou négatifs) qui vont donner envie d'accepter la demande qui sera finalement formulée.**

La reformulation

Cette technique, aussi appelée technique de l'écho, consiste à répéter les derniers mots de l'autre de manière à l'amener à compléter son propos. **La personne sentant un intérêt et une attente de la part de son interlocuteur est amenée à parler... voire parfois à en dire plus que ce qu'elle ne voulait !**

La répétition et le conditionnement

Répéter sans arrêt le même message ou le même reproche est aussi un outil largement utilisé par les manipulateurs. On parle alors de « conditionnement ». En psychologie, la définition officielle de ce terme est la suivante : **ensemble des opérations associatives par lesquelles on arrive à provoquer un nouveau comportement chez l'homme.** En clair, plus on répète une information, plus elle a tendance à s'engrammer (c'est-à-dire à se graver) dans l'esprit. C'est tout simplement la logique de la publicité. À tel point que certains slogans célèbres sont connus de tous !

Ce conditionnement peut être soit positif soit négatif. À force de répéter à votre enfant de dire merci à chaque fois qu'on lui donne quelque chose, il va le faire, et cette habitude va s'ancrer de manière profonde en lui. De la même manière, à force que l'on vous répète que vous êtes nul, vous allez commencer à le croire et il sera très difficile de vous ôter cette idée de l'esprit ! Dans les deux cas, il s'agit bien de manipulation car la personne est amenée à faire ou à ressentir quelque chose qu'elle n'aurait pas fait ou ressenti si elle n'avait pas été « conditionnée ».

L'ironie

Les sarcasmes et l'ironie sont particulièrement appréciés des manipulateurs car ils leur permettent de **faire passer un message à leur interlocuteur mais sans jamais s'exprimer clairement.** En utilisant des formulations équivoques ou le ton de la plaisanterie, ils parviennent à leurs fins : culpabiliser ou rabaisser l'autre, sans jamais s'engager de manière personnelle.

> ***Exemple :*** *après un dîner chez des amis, un mari dit à sa femme : « Elle au moins, elle sait faire la cuisine ! » Une façon ironique de vous dire que vous avez, à ses yeux, des progrès à faire dans ce domaine. L'ironie permet aussi de se défausser ou de se rétracter à tout moment : « Je disais cela pour plaisanter », « Je disais juste qu'elle était douée en cuisine, pas que toi tu étais nulle ! ».*

Dans cette stratégie, le langage corporel est particulièrement présent. Un « Bravo pour ce boulot bien fait » avec un air agacé ou un haussement de sourcils ne peut que semer la confusion dans l'esprit de celui qui reçoit le message !

LA MANIPULATION PAR LES ÉMOTIONS

Jouer avec les sentiments et les émotions de sa victime, le manipulateur adore ça. Il a pour cela à sa disposition un large éventail de techniques. Et il ne s'en prive pas pour mettre sa victime dans tous ses états !

Le chantage affectif

Le chantage affectif est une stratégie de manipulation plus spécifiquement à l'œuvre dans la famille, le couple ou l'amitié... et beaucoup moins dans la sphère professionnelle. En effet, elle prend appui sur la relation affective qu'une personne a vis-à-vis d'une autre. **Cette stratégie est directement liée à la théorie de l'engagement** (voir p. 26) : « Tu t'es engagé à m'aimer, alors si tu m'aimes vraiment, tu dois faire ceci ou cela », « Je suis ta mère et tu me dis souvent que tu m'aimes. Tu ne peux donc pas aller t'installer à des centaines de kilomètres de moi », « Tu t'es engagé à être mon ami, tu dois donc me rendre ce service »... L'objectif du manipulateur est de jouer avec les sentiments de sa victime (l'amour conjugal ou maternel, les liens d'amitié) pour obtenir ce qu'il veut d'elle. C'est la définition même du chantage : profiter de la sensibilité de la personne à son encontre pour lui extorquer quelque chose.

Les menaces

« Si tu ne me laisses pas partir en vacances avec mes copains, je te quitte », « Si tu ne me rends pas ce dossier avant la fin de la semaine, nous allons perdre ce client », « Si tu ne m'achètes pas ces bonbons, je vais m'enfuir de la maison »... Pour obtenir ce que l'on souhaite de son interlocuteur, la menace est un stratagème facile... et efficace, à défaut d'être subtil ! L'idée est de **créer une situation de peur ou d'angoisse chez l'interlocuteur tout en lui proposant en retour une solution qui va permettre de résoudre le problème et donc de soulager l'angoisse.** Dans les exemples ci-dessus, le mari utilise la menace d'une rupture pour que sa femme le laisse partir en vacances avec sa bande de copains ; le patron laisse entrevoir le pire à son employé pour l'amener à faire des heures supplémentaires et travailler le week-end ; l'enfant joue sur la peur de sa mère pour la convaincre d'acheter un paquet de bonbons... Si la question avait été posée de manière directe et claire, il y a peu de chances pour que la réponse ait été positive !

L'effet de surprise

Le principe de cette méthode est de créer chez l'autre une situation de choc qui va engendrer un état de sidération, de blocage et de fermeture de la pensée, un état à mi-chemin entre la stupeur et l'angoisse. Ainsi, **le manipulateur a le champ libre pour délivrer un message qui va soulager la stupeur et la peur créées et qui, par conséquent, va être accepté plus facilement.**

> ***Exemple :*** *votre patron entre brutalement dans votre bureau sans frapper. Il a l'air très contrarié. Il reste muet pendant quelques secondes en faisant les cent pas et en se tenant la tête dans les mains. Puis il vous annonce : « J'ai une mauvaise nouvelle : notre client a revu ses délais pour la livraison de cette commande. Il la veut absolument dans les quinze jours. » Résultat : après avoir senti une forte angoisse (« Mon boss veut me virer », « L'entreprise va fermer »...), vous êtes presque soulagé. Il s'agit seulement d'une histoire de délai de livraison. Peu importe après tout si, pour cela, vous devez annuler votre semaine de vacances, cela aurait pu être pire, vous dites-vous intérieurement...*

La culpabilisation et la victimisation

Le manipulateur aime se faire passer pour la victime, retourner la situation à son avantage de manière à ce que sa victime, elle, se retrouve coupable de toutes les fautes. Dans les familles, la phrase est courante : « Avec tout ce que j'ai enduré pour toi, c'est comme ça que tu me remercies : tu pars en vacances tout l'été, sans te préoccuper de ta pauvre mère ? » Dans le couple aussi, la situation n'est pas rare : « Pour toi, j'ai renoncé à sortir avec mon meilleur ami ce soir. Et toi, en retour, tu passes la soirée à me faire la tête ? » Ces petites phrases peuvent être prononcées dans tous les couples et dans toutes les familles à un moment ou à un autre, sans qu'elles soient forcément synonymes de perversion. Mais à partir du moment où la culpabilisation devient un mode de fonctionnement constant, répété, systématique, on tombe dans une manipulation à plus grande échelle. La culpabilisation est une stratégie de manipulation d'autant plus efficace que, en Occident, elle s'appuie sur l'idée du péché originel : chacun est fautif dès sa naissance. Comme si la morale avait intégré le fait que nous étions toujours coupable, et qu'il fallait toujours nous faire pardonner de quelque chose...

Pour se faire passer pour une victime et faire culpabiliser l'autre, le manipulateur joue souvent sur les mêmes cordes sensibles :

- Le manipulateur se sent **constamment « débordé »** de toutes parts alors que, dans de nombreux cas, c'est lui-même qui s'est auto-assigné ces tâches et/ou qui refuse de déléguer. De plus, il n'y a jamais personne pour lui donner un coup de main. Pire, si on écoute le manipulateur, sa victime n'est là que pour lui compliquer la tâche !

Exemple :
« Non seulement je suis obligé de travailler toute la soirée, car on n'est vraiment pas aidé dans cette entreprise, mais en plus, je suis vraiment entouré d'une équipe de bras cassés qui ne fait que me mettre des bâtons dans les roues, et qu'il faut sans cesse materner comme des stagiaires ! »

- Le manipulateur utilise aussi largement **l'idée de sacrifice**. Une mère manipulatrice peut ainsi déclarer à ses enfants, sans aucune hésitation : « Je passe toute ma journée à m'occuper de vous, je n'ai aucune minute à moi, alors vous comprendrez que je sois fatiguée. » Dans son esprit, le manipulateur fait le bien autour de lui et surtout, il veut que les autres le sachent !

- Le manipulateur a également tendance à **exagérer ses problèmes de santé**, à en faire toute une montagne. Ainsi, un simple rhume et il est « à l'agonie », « à deux doigts de l'hospitalisation ». Une banale analyse sanguine devient l'examen de sa vie : si le médecin lui a demandé de faire cet examen, c'est parce qu'il soupçonne un cancer. Et évidemment, il ne se prive pas de diffuser l'information autour de lui pour qu'on le plaigne et qu'on le prenne en pitié.
- Le manipulateur aime également utiliser **les codes sociaux établis, les règles morales** pour faire culpabiliser sa victime : s'aider entre amis, s'occuper de ses parents quand ils deviennent vieux... autant de règles sociales établies sur lesquels il s'appuie pour manipuler l'autre et le faire culpabiliser s'il ne s'y conforme pas.

Se faire constamment passer pour une victime permet au manipulateur de mettre son interlocuteur dans une position de questionnement, de brouiller la situation tout en l'amenant à culpabiliser (« Et s'il avait raison, si c'était ma faute après tout ? »). Pendant que la victime s'interroge sur sa responsabilité dans la situation, elle ne se questionne pas sur la nature de ce qui est en jeu dans la relation. Une manière redoutablement efficace de faire écran, de faire diversion ! La culpabilisation a aussi pour but d'**amener la victime à s'épuiser moralement, à entrer dans un état de fatigue psychique tel qu'il ne lui est plus possible d'agir et de réagir**. Cette usure mentale et cette fragilisation laissent alors le champ libre à la manipulation.

Chapitre 3

Manipulation : de la confusion à l'emprise

LA CONFUSION, AU CŒUR DE LA MANIPULATION

Confusion et dissonance cognitive

Les différentes stratégies utilisées par le manipulateur ont toutes le même but : créer de la confusion dans l'esprit de l'autre, de manière à asseoir son influence. Quel que soit le but de la manipulation, et quel que soit le domaine dans lequel elle se déroule, on retrouve chez la victime du manipulateur ce même état psychologique de confusion. Prenons l'exemple ci-dessous, un cas de manipulation banale et ordinaire.

Exemple :

› *Une personne sonne à votre porte. Vous n'êtes pas vraiment décidé à ouvrir car vous n'attendez personne, vous savez que c'est un démarcheur qui vient vous vendre quelque chose. Mais il insiste, sonne deux ou trois fois et même donne des coups sur votre porte. Vous en avez assez et lui ouvrez la porte pour lui dire d'arrêter. Il s'empresse de mettre le pied dans la porte pour la garder ouverte. C'est un vendeur de systèmes d'alarme, mais il ne se présente pas comme tel : il affirme venir vous informer des problèmes de sécurité dans le quartier, sur le fait qu'il y a eu de nombreux cambriolages récemment... Vous commencez à en discuter avec lui : effectivement, vos voisins ont été cambriolés il y a quelques semaines, c'est un sujet qui vous préoccupe de plus en plus, etc. Vous prenez peur, ce qui vous plonge dans un état de confusion, vous êtes alors plus réceptif à ses propos. Vous commencez à vous demander : « Et si moi aussi j'étais en danger ? » Résultat : vous le laissez entrer pour poursuivre la conversation et soulager votre peur, il vous parle des différents systèmes d'alarme commercialisés par sa société et vous indique celui*

qui serait le plus adapté chez vous. Après quelques minutes de discussion, vous acceptez de signer pour une alarme dernière génération, et faites un (gros) chèque pour payer cet équipement.

Le scénario est classique : au départ, vous n'avez *a priori* pas du tout envie d'acheter l'objet proposé, vous essayez de résister et pourtant, vous n'y pouvez rien, vous cédez et vous le regrettez peu de temps après. À un moment ou à un autre, vous avez basculé dans un autre état psychologique et toutes vos barrières sont tombées. L'état psychologique dans lequel on se trouve lorsque l'on est victime de manipulation est difficile à définir car, par essence, cet état échappe souvent à la conscience. Vous expérimentez une situation de confusion. Cette confusion vous place dans une situation d'indécidabilité. En psychologie cognitive, on appelle cela une dissonance cognitive. Vous vous trouvez en conflit avec au minimum deux options de choix. Votre choix initial, qui était de ne pas laisser entrer cette personne et votre désir d'être poli et courtois. La situation bascule à cause de votre passivité ou de la tension qui est générée : vous devez faire un choix entre votre option initiale et le fait d'écouter votre interlocuteur. Vous faites le choix qui soulage immédiatement la situation conflictuelle. Face à la situation d'indécidabilité et à la tension qu'elle génère, vous cédez ou vous vous soumettez au désir de l'autre pour vous libérer de cette tension. Au final, vous changez d'avis, vous devez donc réinterpréter ou requalifier votre choix initial pour le faire coïncider avec la nouvelle réalité.

La personne manipulée entre momentanément dans un état de suspension de la conscience : c'est le dénominateur commun de toutes les situations de manipulation.

Il y a un blanc, le temps s'arrête, la confusion voire la stupeur domine. Elle ne comprend pas ce qui lui arrive, perd tout sens critique sur la situation dont elle est l'objet. La confusion est totale ! Cet état confusionnel momentané se traduit par un certain nombre de signes, que l'on peut retrouver dans toutes les situations de manipulation :

- **La « victime » est en position d'attente.** Elle perd toutes ses défenses psychiques, sa vigilance et son esprit critique sont comme suspendus. Résultat : son attention baisse, et elle peut même être victime d'un léger trouble de désorientation spatio-temporelle. En clair, elle ne sait plus vraiment quelle heure il est, où elle est vraiment... Elle en arrive même à oublier qu'elle est chez elle et qu'elle n'est pas obligée d'ouvrir la porte et encore moins d'accepter que quelqu'un d'étranger bloque sa porte !

- **Ses fonctions cognitives supérieures sont mises en suspens.** Elle n'a plus la capacité de réfléchir, juger, jauger, critiquer, faire référence à d'autres situations.
- **Sa vigilance sociale diminue également.** En clair, elle perd de vue qu'elle a en face d'elle un étranger et est prête à accepter toutes les formes de familiarité, notamment que la personne s'invite chez elle sans qu'elle l'ait vraiment autorisée, ou bien qu'elle la tutoie.
- **Elle perd ou oublie momentanément la valeur des choses**, la valeur des chiffres. La personne qui la manipule lui assène des chiffres qui vont endormir sa vigilance. À tel point qu'elle en conclut que le produit proposé n'est finalement « pas cher ».
- **Son langage s'appauvrit.** La « victime » n'a plus les mots pour nommer les choses, elle perd l'aptitude au langage mais aussi celle à former des idées. Elle est comme bloquée dans un état de stupeur, dans un état hypnotique...

On pourrait analyser cette situation comme une régression psychologique : la victime se met dans un état psychologique qui lui rappelle l'enfance. Lorsqu'elle était effrayée, elle se glissait sous la protection d'un adulte.

Victime d'une manipulation ? Les signaux qui doivent vous alerter !

Nous venons de le voir, la manipulation entraîne un état de confusion qui pourrait vous amener à faire n'importe quoi (même signer un gros chèque !). Sur le coup, vous ne vous êtes rendu compte de rien. Mais *a posteriori*, en y réfléchissant un peu, en prenant un peu de recul, vous pouvez prendre conscience que quelque chose s'est passé, et que vous n'avez pas pu le maîtriser. Certaines petites phrases que vous avez prononcées en racontant l'épisode à un ami ou certaines pensées qui vous sont venues en tête après coup doivent vous mettre la puce à l'oreille : on vous a sûrement manipulé !

- *« Je le savais depuis le début »* ou *« Je le savais, je n'aurais pas dû »*

Au début, vous étiez bien décidé à ne pas ouvrir la porte à qui que ce soit. Et le manipulateur a réussi à vous faire changer complètement d'avis ! La confusion et la manipulation commencent à partir du moment où l'on commence à changer d'avis sur quelque chose.

- *« Je n'ai pas compris tout de suite qui il était »*

Le commercial ne se présente pas tout de suite comme un vendeur de systèmes de sécurité. Mais il vient vous informer sur les problèmes de sécurité qui existent dans le quartier. Résultat, vous êtes plus ouvert à la discussion car c'est un sujet qui vous concerne directement : vos voisins viennent de se faire cambrioler. Encore une technique pour vous embrouiller !

- *« J'avais envie d'y croire »*

Le propre du manipulateur est de jouer sur l'imaginaire. Il suscite le désir chez la personne qu'il manipule. Il promet quelque chose de positif, voire de merveilleux (ici, augmenter la sécurité dans le quartier), et c'est pour cela qu'on y adhère. La victime, elle, a envie ou besoin de croire à cet imaginaire. Et cette dimension la rend complice. Elle porte en elle une part de responsabilité. Une dimension de transgression s'ajoute également : à partir du moment où l'on accepte qu'une personne mette le pied dans la porte pour la bloquer, on accepte l'effraction.

Chez la victime, il existe un désir un peu obscur qui fait qu'on accepte et qu'on cède à cette idée d'être possédé.

- *« Je n'oserais jamais en parler à qui que ce soit »* ou *« Je n'osais pas t'en parler »*

La confusion mentale et momentanée dans laquelle se trouvait la personne manipulée a créé un certain isolement. Non seulement la victime n'a pas les mots pour en parler mais en plus elle se sent interdite d'en parler. Il existe une forme de culpabilité : la victime se sent honteuse d'avoir cédé à un rêve, à une dimension imaginaire, d'être sortie du réel... Or c'est à partir du moment où l'on commence à se taire, à garder cela pour soi, que l'on devient complice. On se tait aussi car on a conscience de devenir un acteur passif de cette prédation.

- *« Je ne savais pas que cela pouvait m'intéresser »*

Le but de la manipulation est d'amener l'autre à changer son besoin, à réaménager sa réalité. Vous ne pensiez pas que vous aviez autant besoin d'un système de sécurité pour votre maison, mais c'est devenu maintenant une évidence : impossible de vous en passer ! C'est toujours ce que l'on appelle la « théorie de la dissonance cognitive » : on réoriente ses opinions, sa perception des choses pour rétablir une cohérence de sa pensée et sortir de la confusion.

- *« Je n'ai pas réussi à m'opposer, à dire non »* ou *« Je n'ai pas su quoi dire »*

Comme on l'a vu un peu plus haut, le manipulateur crée un état de confusion totale. La victime est incapable de formuler une seule critique, si minime soit-elle, un seul avis contraire, ou de prononcer un seul mot. Elle n'avait qu'un seul choix : aller dans le sens du commercial et lui dire oui à tout.

- *« Il avait l'air tellement crédible/honnête/gentil/sympa/sérieux... »*

Dans la manipulation se joue aussi l'idée de la fascination. On peut être fasciné par l'aisance, la culture, la verve, le dynamisme, la gentillesse... de son interlocuteur. En ce sens, on n'est pas loin de la séduction dans sa conception psychanalytique. L'effraction symbolisée par le pied dans la porte crée une certaine confusion chez la victime car elle accepte, en ouvrant la porte, d'aller contre la règle de prudence et cède au désir de ce manipulateur. Cet épisode au cours duquel la victime accepte de manière passive l'intrusion de l'autre fait écho par analogie chez elle à des scènes infantiles fantasmées ou non de séduction par l'adulte. Ce sont d'ailleurs ces postures de séduction réelles ou fantasmées, opérées par un adulte auprès d'un enfant, qui sont, pour Freud, une des sources de la construction de l'inconscient. C'est autour de cette situation, que Freud qualifiait d'œdipienne, que se noue la situation traumatique et conflictuelle que chaque enfant se doit de dépasser. Le commercial avec tout son charme, sa verve, son assurance qui fait intrusion et bloque la porte d'accès à l'appartement, vient, par cet acte, faire effraction sur une limite qui sépare l'intime du public. Qui sépare le permis de l'interdit comme pourrait l'être la situation œdipienne. Il vient réactiver chez l'adulte victime de cette intrusion le souvenir obscur d'une situation ancienne de séduction, vécue sous la contrainte ou non, par l'enfant qu'il a été. Tous les mécanismes de refoulement qui protégeaient la personne de ces situations traumatisantes se trouvent inopérantes. La victime, par un mécanisme de régression, redevient l'enfant fragile et sans défense qu'elle a été. Cette situation d'effraction réveille chez l'adulte la vulnérabilité de l'enfant qu'il a été, car l'enfant, par son manque de maturité, n'a pas eu la capacité de se représenter la nature de ce qui s'opérait lorsqu'il était confronté à l'adulte menaçant. Il était sans voix, sans réponse, confus. C'est cet état que la victime retrouve et qui la maintient dans sa vulnérabilité. Tout ce qui était refoulé se retrouve brutalement remis sur le devant de la scène. Il existe certainement une forme de reviviscence de cette scène traumatique de séduction lors de cette phase confusionnelle liée à la manipulation.

- *« Cela avait l'air tellement facile, tellement prometteur »* ou *« De toute façon, ça ne coûte rien d'essayer ! »*

C'est l'exemple des sectes qui appâtent avec une conférence gratuite, un test gratuit... Dans l'exemple du démarcheur à domicile, vous pouvez avoir l'impression, en apparence, de ne pas vous engager. Ce qui engage réellement, ce n'est pas la pensée mais l'acte. Dans un premier temps, le fait d'ouvrir la porte se résume à une dimension factuelle. Mais sur le plan symbolique, vous laissez l'autre accéder à vous-même. Un conflit se crée entre votre première décision de ne pas ouvrir la porte et le fait d'ouvrir la porte. Pour résoudre cette dissonance cognitive ou ce conflit interne, voire ce traumatisme si l'on se range à la théorie freudienne, vous allez alors vous soumettre au discours de l'autre.

LA MANIPULATION MENÉE PAR LE PERVERS NARCISSIQUE EST EN MARCHE : LES DIFFÉRENTES ÉTAPES D'UN SCÉNARIO BIEN RODÉ

Dans les situations de manipulation menée par des pervers narcissiques (voir p. 112), la confusion est poussée à l'extrême : la personne manipulée en arrive à ne plus savoir qui elle est vraiment. Pour bien comprendre ce qui se joue dans la manipulation perverse, on peut envisager chaque situation comme la mise en œuvre d'un scénario bien précis, qu'elle se déroule dans la sphère personnelle ou professionnelle, amoureuse ou amicale. À chaque fois, trois phases se succèdent :

- **la « lune de miel » ou phase d'amorçage** : le manipulateur déploie tous ses atouts pour séduire sa cible. En réalité, il met en place sa stratégie et affûte ses armes. Sa victime ne peut que tomber sous son charme !
- **la phase de déstabilisation** : après les compliments et les cadeaux viennent les reproches et les remarques blessantes qui ont pour but de faire douter la victime et de la déstabiliser petit à petit. La lune de miel est bel et bien terminée.

- **la phase d'isolement :** le manipulateur met tout en œuvre pour couper les liens entre sa victime et le monde qui l'entoure, pour semer la zizanie. C'est le principe du diviser pour mieux régner !

La « lune de miel » ou phase d'amorçage

L'identification des failles

Toute manipulation commence par une phase de séduction. Dans un premier temps, **le manipulateur identifie chez l'autre la faille sur lequel il va pouvoir s'appuyer**. Très souvent, la première rencontre entre le manipulateur et sa future victime se déroule d'ailleurs dans un moment de faiblesse ou de fragilité : deuil, difficultés de couple, séparation, démarrage d'un nouveau travail, naissance d'un enfant… La situation est la même que dans la nature : le lion s'attaque toujours à la gazelle qui boîte ou qui court un peu moins vite que les autres, et pas à celle qui est en tête du troupeau ! Cette faille est la porte d'entrée pour le manipulateur et la clé de la manipulation : pour que la manipulation ou que la prédation fonctionne, il faut qu'il y ait, chez la victime, un manque qu'elle a du mal à combler, un projet qu'elle a du mal à réaliser seule... Cette faille peut prendre la forme d'un besoin, d'un espoir, ou d'un désir inassouvis : manque de confiance en soi ou d'estime de soi, désir d'un grand amour, besoin de sécurité financière...

Une fois cette faille identifiée, le manipulateur va tout faire pour répondre au rêve ou à l'espoir de sa victime. **Il va combler les failles de l'autre** en accomplissant des choses que sa victime ne peut pas faire, en incarnant des qualités que sa victime ne peut pas atteindre ou tout simplement en comblant l'espoir ou l'illusion que la victime s'est elle-même créé. Bref, c'est la lune de miel : tout est parfait. Enfin quelqu'un qui vous comprend et qui veut combler tous vos désirs les plus profonds !

Exemples :

› *Dans un couple, le manipulateur fascine en offrant à sa partenaire tout ce dont elle a toujours rêvé : il a un poste à responsabilités, gagne très bien sa vie, évolue dans un milieu bourgeois, incarne une certaine forme d'élégance et de prestance... Comment ne pas succomber devant ce prince charmant ?*

› *Dans le milieu professionnel, un patron manipulateur promet à son employé, à très court terme, un poste avec des responsabilités plus importantes et un salaire plus élevé. Il en rêve secrètement depuis tellement longtemps, mais n'a jamais cru pouvoir y arriver, sûrement par manque de confiance en lui.*

Dans la vie quotidienne, ces situations sont courantes. Il n'est pas rare qu'un homme qui vient de rencontrer une femme ait envie de la couvrir de cadeaux. La manipulation et la perversion sont à l'œuvre quand ces cadeaux prennent un tour démesuré, quand le manipulateur ne cherche pas à faire plaisir à l'autre mais établit une véritable hiérarchisation des besoins et des manques chez l'autre de manière méthodologique, à des fins stratégiques. Comment reconnaître qu'il s'agit effectivement de la première phase de la manipulation ? Certains signes ne trompent pas :

- **Le manipulateur vous offre des cadeaux qui paraissent sans limites.** En réalité, il s'agit de cadeaux empoisonnés (voir p. 40). Mine de rien, il vous achète. Il vous rend redevable.
- **Le manipulateur vous séduit rapidement. Trop rapidement.** À tel point qu'il peut vous demander en mariage au bout d'un mois de

relation par exemple. Ou vous parle d'une promotion alors que vous venez d'arriver dans l'entreprise. Cet empressement un peu trop soudain, cette urgence sont en réalité le signe qu'il cache quelque chose, comme s'il voulait vous faire tomber dans ses filets avant que vous ne deviniez son vrai visage, ses véritables intentions... pas toujours très avouables !

Cette phase de lune de miel est d'autant plus pernicieuse que, **du côté de la victime, une espèce d'accord tacite se noue.** Entre le manipulateur et sa victime se crée un lien très fort, car le manipulateur exploite une zone d'ombre chez sa victime. C'est ce qui explique pourquoi les victimes s'entêtent à rester dans ces scénarii de manipulation et pourquoi elle ont du mal à se défaire de leur bourreau : elles sentent qu'elles ont engagé une forme de responsabilité, qu'elles ont laissé la porte ouverte au manipulateur.

La phase de déstabilisation ou la dévalorisation de l'autre

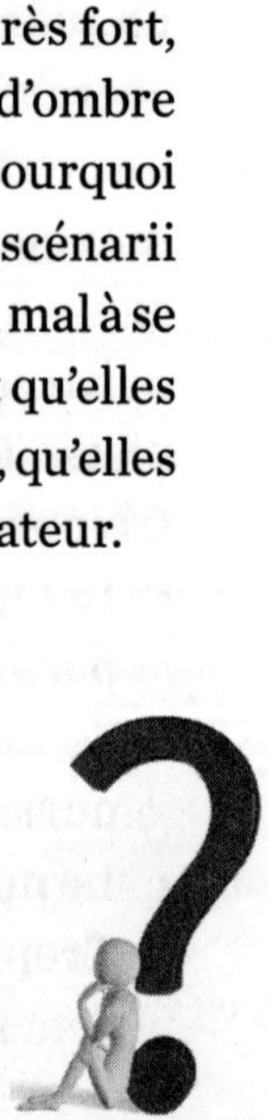

Le système relationnel mis en place dans la première phase de la manipulation (celle de la « lune de miel ») ne peut pas résister bien longtemps. Dans un premier temps, le pervers narcissique a œuvré pour faire croire à sa victime qu'il la mettait sur un piédestal alors qu'il n'avait en réalité qu'un seul but : la détruire. Ce mensonge est intenable sur une trop longue durée. D'où la deuxième phase qui consiste à instiller le doute chez l'autre, à le dévaloriser pour mieux l'annihiler. La lune de miel est bel et bien terminée, le charme tombe. La dévalorisation commence et la stratégie est bien rodée.

Des attaques anodines mais sans cesse répétées

Au début, les petites piques que le manipulateur adresse à sa victime peuvent paraître anodines, banales, sans gravité, dans l'ordre des choses et de la relation. **Il peut par exemple faire des remarques moqueuses sur l'apparence de sa victime.** C'est particulièrement le cas dans le couple : un homme qui, pendant la lune de miel, complimentait sans cesse sa femme qu'il trouvait « la plus belle du monde » commence à lui faire des remarques dans le sens exactement inverse : « Dis donc, tu as vraiment beaucoup de rides autour des yeux », « Tu ne pourrais pas faire quelque chose avec tes cheveux ? Coiffée comme ça, tu ne ressembles à rien... ». Un homme qui adorait les petits plats de sa femme commence à lui faire remarquer que « Cela manque de sel » ou que « Ce n'est pas assez cuit ».

Ces micro-dévalorisations, en apparence anodines, sont répétées et répétées sans cesse. Or **la manipulation est d'autant plus violente qu'elle est accomplie sur un mode répétitif.** En effet, ce ne sont pas les remarques en tant que telles qui sont dévalorisantes, mais la somme de ces attaques, qui peut engendrer un traumatisme fort. C'est le principe de la goutte d'eau qui, à un moment, fait déborder le vase ! Plus la manipulation est répétitive, plus elle devient aliénante. Le but est de jouer sur le seuil de tolérance de la victime (souvent très élevé chez les victimes de manipulateur, voir p. 125) et de le repousser petit à petit, en faisant semblant de rien. Dispensées à dose homéopathique, ces remarques sont imperceptibles consciemment. Soumise à cette mise en condition progressive, la victime, elle, est incapable de réagir et, en quelque sorte, en arrive à accepter cette situation, qu'elle trouve banale.

Des critiques de plus en plus violentes

Après les petites remarques anodines et répétées, le manipulateur monte d'un cran. **Les attaques, qui se concentraient souvent sur le physique, se déplacent vers la personnalité même de la personne.** Elles sont toujours proportionnellement inverses aux compliments qui avaient été faits au départ. Un homme qui avouait à sa femme : « C'est toi que je veux comme mère de mes enfants, tu seras la plus merveilleuse des mamans » ose maintenant lui déclarer : « Tu es vraiment nulle en tant que mère ». Dans le monde professionnel, le mécanisme est le même : un manager qui félicitait l'un des membres de son équipe pour son professionnalisme et sa rigueur commence à lui reprocher ses fautes d'orthographe, son retard dans le traitement de tel ou tel dossier... Parfois, la critique se fait encore plus pernicieuse. Le manipulateur fait passer une qualité pour un défaut : « Tu es vraiment trop gentil » (sous-entendu, tu n'es qu'un faible »), tout en arguant de sa bienveillance : « Si je te dis ça c'est pour ton bien. »

Des reproches subjectifs et sans fondement

Pour disqualifier sa victime, le manipulateur n'hésite pas également à **faire des reproches difficilement évaluables et vérifiables** du type « Tu ne m'écoutes pas ». Comment en effet évaluer précisément le fait que l'autre vous écoute ou ne vous écoute pas ? De la même manière, il attaque l'autre sur un terrain complètement subjectif, comme celui de la beauté par exemple : « Tu n'es pas belle dans cette robe. » Comment vérifier que ce qu'il dit est vrai puisque la beauté est avant tout quelque chose de subjectif ? Mais ces reproches sont faits avec tellement d'aplomb qu'ils ne peuvent que semer le doute et la confusion chez l'autre.

Des attaques parfaitement ciblées

Le manipulateur va aussi appuyer précisément « là où ça fait mal ». Rien de plus facile pour lui car il a déjà précisément identifié la faille sur laquelle il allait jouer pour vous manipuler. Souvenez-vous : toute manipulation commence par l'identification chez sa victime d'un manque, d'un besoin ou d'un rêve inassouvi (voir p. 79). Vous lui avez confié que vous manquez de confiance en vous ? Que vous avez vécu une enfance difficile avec des parents peu aimants ? Autant de sujets qu'il va ressortir pour vous faire du mal. Il n'aura aucun remords à vous dire par exemple : « On vient de te griller la priorité et tu ne dis rien. Tu n'as pas confiance en toi ou quoi ? » ou bien encore « Pourquoi es-tu aussi froide avec moi ? Ce n'est pas parce que tes parents ne t'ont pas beaucoup aimée quand tu étais petite que tu dois être aussi distante ! »

La phase d'isolement ou comment diviser pour mieux régner

En parallèle de la phase de dévalorisation, le manipulateur s'efforce d'isoler l'autre le plus possible. L'objectif est tout simple : plus on isole l'autre, plus on a de chances de pouvoir imposer son pouvoir. Moins la victime a de ressources extérieures, plus elle est fragilisée et donc à sa merci. Cette phase d'isolement est à l'œuvre dans tous les types de manipulation et elle aboutit à une espèce de lavage de cerveau. Pour cela, tout est bon : les insinuations, les critiques indirectes, les manœuvres diverses et variées... Le but : dénigrer l'ensemble des aspects qui relient la personne aux autres et à la société notamment :

- **les proches de la victime** : mari, famille, ami... C'est l'exemple d'une mère manipulatrice qui dit à son fils : « Ta femme sort avec ses copains alors que votre fils est malade et toi, tu la laisses faire ? » Ou d'un patron qui dit à son employée : « Comment ça, votre mari en a assez que vous fassiez des heures sup ? Il ne peut pas se débrouiller tout seul à la maison ? » Parfois même, c'est toute la famille dans son ensemble qui est attaquée. C'est le cas par exemple du mari qui dit à sa femme : « De toute façon, chez toi (sous-entendu ta famille), il n'y en a pas un pour rattraper l'autre. »
- **ses collègues de travail,** si la manipulation se déroule dans le cadre professionnel. Avez-vous par exemple remarqué l'ambiance de malaise, de soupçons et de quiproquos au sein de votre groupe de travail depuis que ce nouveau patron est arrivé ?
- **les liens d'appartenance qui définissent l'identité même de la personne**. Vous êtes marié ? Le manipulateur vous dira : « De toute façon, de nos jours, un mariage sur deux finit par un divorce... ». Vous êtes fan de foot ? Il s'arrangera pour glisser dans la conversation, à un moment ou à un autre :

« C'est prouvé, ça ne vole vraiment pas haut dans le monde du foot ! »

Cette attaque des liens d'appartenance est notamment à l'œuvre dans les sectes. Toutes les dérives sectaires se caractérisent par un travail de lavage de cerveau des membres. La personne est saturée d'informations qui ont la prétention de répondre à toutes ses attentes ou ses questions. Il s'ensuit une phase d'isolement, induite par une rupture provoquée avec toutes les habitudes de vie. Les relations avec le monde extérieur deviennent obsolètes car les proches ne sont plus sur les mêmes registres de connaissances (elles ne sont pas initiées aux pseudo-révélations dispensées par la secte !). Le monde extérieur est alors présenté comme mauvais, les influences familiales comme nocives car elles ne sont pas inspirées par le message de la secte ou de la structure initiatique. L'isolement sera alors effectif dans la vie sociale mais également à l'intérieur même de la personne qui en arrive à se limiter dans sa pensée, par une autocensure.

MANIPULATION PERVERSE, PRÉDATION ET EMPRISE

Le stade ultime de la manipulation perverse, c'est l'emprise. La finalité du prédateur est de créer une situation où toutes les ressources de l'individu sont phagocytées : ses ressources physiques, psychologiques et émotionnelles. En cela, il s'agit d'une véritable prédation.

La prédation, une nécessité vitale pour le pervers narcissique

Derrière toute manipulation négative se profile l'idée de la prédation. Le prédateur est celui qui veut s'accaparer quelque chose. Dans le règne animal, il s'agit d'une proie. La prédation renvoie à des instincts grégaires, primitifs, de la nature humaine. Dans le règne animal, c'est une nécessité biologique ; dans la nature humaine, c'est une déviation morale voire une pathologie. La manipulation, elle, implique une dimension morale ou plutôt immorale : c'est le travestissement d'un désir inavouable, surtout lorsqu'il s'agit d'un désir de prédation. Pour nous humains, il s'agit de s'accaparer un bien matériel, symbolique ou psychique (voir

p. 21). Dans le cas des pervers narcissiques, le but est de s'emparer de l'image de l'autre ou de sa vie psychique. En ce sens, la prédation devient alors, pour lui aussi, une nécessité vitale.

La manipulation perverse est une procédure de mise en pratique d'un désir de prédation. C'est ce qui rend les relations perverses si délétères. La manipulation est une technique et non une identité. La manipulation est au service de l'identité du pervers narcissique. Mais on ne peut pas résumer celui-ci à ses techniques, même s'il n'a effectivement que la manipulation comme mode relationnel. C'est, en ce sens, le champion toutes catégories de la manipulation.

Le pervers narcissique se trouve confronté à une défaillance d'identité : même s'il donne toutes les apparences de quelqu'un de fort et de confiant, il ne sait pas, paradoxalement, qui il est ! Face à ce handicap majeur, il se trouve obligé, pour étayer son identité fragile, de se lier à des personnes qui possèdent des qualités et des vertus psychologiques qu'il envie. **Établir un lien avec une personne qu'il pourra en quelque sorte détrousser de son identité est pour lui une nécessité vitale.** Pour pouvoir vampiriser sa victime, il développera un ensemble de stratégies manipulatoires qui prendront un caractère de prédation par la violence psychologique qu'elles entraînent. Pour pouvoir faire accepter cette violence psychologique qui passe avant tout par un discrédit, des dévalorisations constantes, jusqu'à des humiliations extrêmes, il devra masquer ses besoins de prédation. C'est tout le dilemme de cette pathologie psychique destructive : le prédateur doit avancer à pas de loup pour ne pas effrayer sa victime. Il ne doit surtout pas montrer ses désirs inavouables qui pourraient le priver de cet équilibre. Le pervers narcissique ne peut trouver une stabilité psychique qu'à la condition de la dévalorisation de l'autre, sinon il s'effondre. Il est donc, malgré toutes les apparences, dépendant de sa victime. **Il est souvent comparé à un vampire qui cherche une victime pour la dévitaliser.** C'est en ce sens qu'il s'agit d'une attitude de prédation. Les manœuvres manipulatoires seront au service de ce désir vital pour lui de prédation.

L'emprise et ses effets

Lorsque l'on parle d'emprise, on pense forcément à l'emprise mentale utilisée par les sectes pour asservir leurs « adeptes ». Il s'agit là clairement d'une manipulation mentale. Le professeur Philippe-Jean Parquet, professeur de psychiatrie et membre du conseil d'orientation de la Miviludes (Mission interministérielle de vigilance et de lutte contre les dérives sectaires) a établi une **liste de critères permettant de caractériser l'emprise mentale**. Pour confirmer son existence, il faut que cinq d'entre eux soient établis.

① Rupture imposée avec les modalités antérieures des comportements, des conduites, des jugements, des valeurs, des sociabilités individuelles, familiales et collectives ;
② Occultation des repères antérieurs et rupture dans la cohérence avec la vie antérieure et acceptation par une personne que sa personnalité, sa vie affective, cognitive, relationnelle, morale et sociale soient modelées par les suggestions, les injonctions, les ordres, les idées, les concepts, les valeurs, les doctrines imposées par un tiers ou une institution, ceci conduisant à une délégation générale et permanente à un modèle imposé ;
③ Adhésion et allégeance inconditionnelle, affective, comportementale, intellectuelle, morale et sociale à une personne ou à un

groupe ou à une institution : ceci conduisant à une loyauté exigeante et complète, une obéissance absolue, une crainte et une acceptation des sanctions, une impossibilité de croire possible de revenir à un mode de vie antérieur ou de choisir des alternatives étant donné la certitude imposée que le nouveau mode de vie est le seul légitime ;

④ Mise à disposition complète, progressive et extensive de sa vie à une personne ou à une institution ;

⑤ Sensibilité accrue dans le temps aux idées, aux concepts, aux prescriptions, aux injonctions et ordres, à un « corpus doctrinal » avec éventuellement mise au service de ceux-ci dans une démarche prosélyte ;

⑥ Dépossession des compétences d'une personne avec anesthésie affective, altération du jugement, perte des repères, des valeurs et du sens critique ;

⑦ Altération de la liberté de choix ;

⑧ Imperméabilité aux avis, attitudes, valeurs de l'environnement avec impossibilité de se remettre en cause et de promouvoir un changement ;

⑨ Induction et réalisation d'actes gravement préjudiciables à la personne, actes qui antérieurement ne faisaient pas partie de la vie du sujet. Ces actes ne sont plus perçus comme dommageables ou contraires aux valeurs et au mode de vie habituellement admis dans notre société.

On le voit bien grâce à cette liste de critères, l'emprise agit en trois temps :

Étape 1 : le lavage de cerveau

Le manipulateur induit des failles dans le système de croyances de la personne. Pour résumer, il lui dit en quelque sorte : « Ce que vous pensiez est partiellement vrai, ce que je vous dis est totalement vrai. » L'objectif est de couper la personne de son tissu relationnel, de ses comportements habituels, de ses croyances... bref, de tout ce qui l'a structurée.

Étape 2 : le reconditionnement

Comme s'il gravait un fichier sur un CD vierge, le manipulateur instaure de nouvelles règles qui sont alors impossibles à remettre en question. La victime s'y réfère totalement, sans aucun sens critique.

Étape 3 : l'appartenance à un nouveau groupe

La victime se sent appartenir à une nouvelle entité porteuse et détentrice d'une vérité nouvelle qui est l'exclusivité de son maître ou de son nouveau groupe d'appartenance. C'est naturellement l'instigateur de cette manipulation coercitive qui sera le leader de cette nouvelle manière de penser ou d'agir.

Cette liste de critères, qui a été construite pour décrire les modalités manipulatoires dans les sectes, peut parfaitement servir comme **grille d'analyse pour la description des mécanismes d'emprise dans le couple**. C'est un outil utile pour repérer si l'on est confronté à une situation d'emprise.

L'emprise dans le couple existe lorsque la relation ne se concentre que dans un rapport unilatéral. Le manipulateur exerce une situation de coercition sur sa victime au point de ne faire exister que ses désirs et d'annihiler la volonté de sa victime. La victime ne pourra endurer cette violence que si elle se sent le devoir de préserver ce qu'elle estime le plus précieux à ses yeux, à savoir un idéal amoureux ou familial. Dans le couple, qui est un groupe au sens le plus restreint, l'emprise se confond avec le sentiment amoureux. C'est toujours ce sentiment de confusion qui alimente l'ambiguïté relationnelle et qui laisse s'installer ce mécanisme d'emprise. **Il paraît préférable d'endurer les pires vexations ou humiliations que de renoncer à cet engagement scellé par ce sentiment si volatile qu'est parfois l'amour.** Là encore, il paraît difficile de revenir sur des actes qui ont engagé la relation et soudé le lien. La soumission à l'emprise paraît « moins pire » que le renoncement à l'idéal relationnel. Il paraît impossible d'accepter le désamour ou de renoncer à la romance que l'on s'est inventée. La rencontre amoureuse se construit souvent sur une illusion, où son partenaire est idéalisé. Ne dit-on pas que l'amour est aveugle ! Le sentiment amoureux se construit en partie sur une vision quelque peu magnifiée de son partenaire. Un regard un peu trop prosaïque effacerait tout le merveilleux de l'amour. C'est pour défendre cet engagement dans cette illusion amoureuse qu'une victime supporte des violences psychologiques et parfois physiques.

2

MANIPULATEURS ET MANIPULÉS : QUI SONT-ILS ?

Chapitre 1

Petit portrait du manipulateur

LES DIFFÉRENTS VISAGES DES MANIPULATEURS

Le manipulateur utilise différentes stratégies pour manipuler l'autre. **Il utilise ce qu'il est :** s'il est beau, il fera de la séduction le pivot de sa stratégie. S'il est plutôt intelligent et cultivé, il mettra son intelligence et sa culture au service de son objectif de manipulation. S'il a une position qui lui permet de faire preuve d'autorité, il utilisera cette autorité dans sa stratégie de manipulation. S'il est plutôt timide et réservé, il fera de sa discrétion apparente le point fort de sa stratégie. De manière logique et générale, le manipulateur « intelligent » ou « cultivé » va plus facilement manipuler quelqu'un qui l'est moins. De la même manière, le manipulateur « beau gosse » va plus facilement prendre pour cible une personne qui est séduite par l'aspect physique…

On peut ainsi distinguer cinq grands profils types, qui correspondent en réalité à **cinq grandes stratégies de manipulation** :

- le séducteur ;
- l'érudit, l'intellectuel ;
- l'homme de pouvoir ;
- le timide ;
- le gendre idéal/la femme idéale.

Bien sûr, tous les séducteurs, les érudits, les hommes de pouvoir, les timides et les gendres idéaux ne sont pas des manipulateurs. Mais certains utilisent ce trait de leur personnalité dans un but de manipulation. Pour chaque stratégie, nous avons déterminé les caractéristiques du profil classique ou normal et celles du profil manipulateur.

Le séducteur / La séductrice

Le séducteur « sain »	**Le séducteur « manipulateur »**
› Il ne cherche pas la séduction pour la séduction.	› Il construit tout le lien à l'autre autour de la séduction. Celle-ci devient le pivot de la relation.
› Il peut exister sans séduire.	› La séduction définit toute sa personnalité. Sans elle, il n'existe pas.
› Il accepte la frustration de ne pas plaire. Il accepte de « lâcher l'affaire » quand l'attirance ou la séduction ne sont pas réciproques.	› Il ne peut pas accepter de ne pas séduire. Il va jusqu'au bout. Il devient violent et agressif quand il sent qu'il risque de perdre sa « cible ».
› Il est toujours égal dans sa manière d'être et d'agir.	› Il adapte ses gestes et ses attitudes, module sa voix pour séduire. Il souffle le chaud et le froid.

Le séducteur « sain »	**Le séducteur « manipulateur »**
› Il fait la différence entre plaire (qui évoque une attirance naturelle) et séduire (qui implique une intention, un but et donc des moyens pour y parvenir). En clair, il ne fait pas des tonnes pour y arriver mais privilégie le naturel.	› Il développe une véritable stratégie de séduction : il établit des listes afin de déterminer précisément ce que l'autre attend, aime, recherche dans la relation et de manière générale.
› Il peut séduire quelqu'un de manière involontaire. Et aussi être séduit par quelqu'un.	› La séduction est toujours le résultat d'une stratégie précise. Il ne peut pas être séduit à son tour.
› Il s'adapte à l'autre. Il ne séduit pas tout le temps de la même manière.	› Il a une manière assez stéréotypée de séduire. Par exemple, il s'habille toujours de la même manière. Son sourire est standardisé : il l'affiche quel que soit le contenu de ses propos, gais ou tristes.

Le séducteur « sain »	**Le séducteur « manipulateur »**
› Ses gestes et ses attitudes corporelles sont en accord avec ses propos. Il donne l'impression d'une certaine harmonie.	› Ses gestes, ses attitudes corporelles ne sont pas toujours en accord avec ses paroles. Ce qui crée une légère confusion. Par exemple, il peut dire des compliments en fronçant les sourcils.
› Il fait facilement part de ses états d'âme. Il sait exprimer ses sentiments.	› Il est très réservé sur ses sentiments, ne les exprime pas, ce qui crée une certaine ambiguïté.

L'érudit / L'érudite

L'érudit « sain »	L'érudit « manipulateur »
› Il apporte de l'information, fait partager son savoir pour faire avancer une conversation.	› Il accable l'autre de son savoir. Il l'utilise comme un instrument de valorisation et de culpabilisation. Le savoir est un voyant qui lui permet d'attirer le besoin de savoir de l'autre.
› Il sait être clair et précis dans ce qu'il expose afin de se faire comprendre de l'autre. Il sait répondre aux questions quand on lui en pose.	› Il se pose en homme de savoir, comme quelqu'un qui détient des vérités, mais il ne les énonce jamais clairement.
› Il sait qu'il a des limites et sait les formuler. Il accepte de reconnaître quand il ne sait pas quelque chose.	› Il est incapable de reconnaître ses limites, d'exprimer qu'il ne sait pas quelque chose.
› Il est dans une relation bilatérale : il sait parler mais il sait aussi écouter, accepter les remarques et les critiques.	› Il est dans une sorte de monologue. Il ne supporte pas la contradiction ou la moindre remarque.

L'homme de pouvoir / La femme de pouvoir

L'homme de pouvoir « sain »	**L'homme de pouvoir manipulateur**
› Il exerce un pouvoir juste : ses injonctions visent l'harmonie collective, même si elles sont parfois déplaisantes.	› Il exerce un pouvoir totalitaire : ses injonctions n'ont pour finalité que de satisfaire son ego. Elles suscitent incompréhension, désapprobation et sentiment d'injustice.
› Il accepte la possibilité de perdre son pouvoir. Il accepte que ce pouvoir qui lui est confié est temporaire. Il est au service de ce pouvoir.	› Il refuse l'idée de perdre son pouvoir. Il lui appartient. C'est le pouvoir qui est à son service et non l'inverse.
› Son autorité est justifiée. Elle repose sur un certain nombre de règles clairement définies. Il ne peut pas les outrepasser.	› Les règles qui établissent son pouvoir sont floues, mouvantes. Il fait preuve d'autoritarisme plus que d'autorité.

L'homme de pouvoir « sain »	L'homme de pouvoir manipulateur
› Il accepte que son autorité a des limites. Il renonce à être autoritaire dans les domaines où il n'est pas compétent, dans les domaines où il n'a pas clairement reçu le pouvoir de l'être.	› Il a tendance à vouloir étendre son pouvoir. Cela peut passer par la violence, la contrainte corporelle, la répression. Il veut tout régenter. Il utilise aussi son autorité dans des registres qui dépassent son domaine de compétences.
› Il accepte de partager l'autorité.	› Il refuse de partager l'autorité.

Le timide / La timide

Le timide « sain »	Le timide manipulateur
› Il a réellement peur de passer à l'acte, se donner à voir, prendre position, être dans une forme d'intimité.	› Sa propension à être passif est une stratégie pour laisser l'autre agir ou parler à sa place, et ensuite pouvoir lui reprocher ses actes, ses paroles ou ses décisions.

Le timide « sain »	Le timide manipulateur
› Indirectement, il demande de l'aide ou un soutien de la part des autres. Il accepte l'aide d'autrui. Il est attentif aux avis des autres.	› Il refuse l'aide de l'autre mais aussi, de manière plus générale, son avis et sa parole.
› Il accepte l'autorité.	› Il refuse l'autorité. Ce qui le place en réalité dans une position d'autorité. En acceptant tout, il devient le maître.
› Sa timidité est naturelle. Le silence correspond à sa nature profonde.	› Sa timidité est construite. Il utilise le silence et le mode passif pour amener l'autre à se dévoiler. Le silence devient alors une arme : il oblige l'autre à le combler.
› Il peut reconnaître sa timidité comme problématique, la déplorer.	› Son attitude ne lui pose aucun problème.

Le timide « sain »	Le timide manipulateur
› Il peut donner quelques informations intimes sur lui-même quand on lui en demande.	› Il cultive le mystère autour de lui. Il se montre toujours énigmatique. Il distille quelques rares informations au compte-gouttes. Ce qui permet de nourrir le fantasme chez l'autre. C'est le cas par exemple des gourous des sectes : on ne sait jamais d'où ils viennent, qui ils sont vraiment
› En cas de problème, il a besoin de se replier sur lui-même, comme pour se retrouver et se protéger des autres et du monde.	› Il s'isole non pas pour se retrouver avec lui-même mais pour attirer l'autre. Il se pose en victime pour se faire plaindre.
› Il évite le conflit car il en a réellement peur.	› Il a l'art d'éviter le conflit. Cet évitement est le conflit lui-même. En refusant d'agir ou de se prononcer, il laisse en fait le conflit s'envenimer, le privant de toute solution.

Le gendre idéal / La belle-fille idéale

Le gendre idéal « sain »	Le gendre idéal manipulateur
› Il présente de nombreuses qualités, mais aussi quelques petits défauts qui le rendent humain et font tout son charme.	› Il est parfait sous tous les aspects, irréprochable, lisse et sans aspérités. Comme s'il avait une carapace. Ses attitudes n'appellent jamais d'interrogation. Il n'a apparemment aucun défaut.
› Il se montre gentil partout, quelles que soient les circonstances. Il a un caractère constant.	› Son caractère peut, en réalité, passer d'un extrême à l'autre. D'un côté (le plus souvent en société, à l'extérieur), il se montre juste, souriant, irréprochable. De l'autre (le plus souvent, dans le couple, au sein de l'entreprise), il montre un tout autre visage à un nombre limité de personnes : il est tyrannique, odieux, insupportable… C'est Dr Jekyll et mister Hyde !
› Il est gentil avec tout le monde, il n'a pas d'ennemi déclaré.	› Il a une cible privilégiée qu'il va « torturer » pendant très longtemps. Celle-ci deviendra son ennemi juré.

VOUS PENSEZ AVOIR AFFAIRE À UN MANIPULATEUR ?

Pour savoir si c'est vraiment le cas, téléchargez notre bonus avec trois tests :

- Reconnaître un manipulateur au travail
- Reconnaître un manipulateur dans le couple/ la famille
- Reconnaître un manipulateur dans l'amitié

Rendez-vous sur la page

http://quotidienmalin.com/tests-manipulateurs

ou scannez ce code

LE PERVERS NARCISSIQUE : LE SUMMUM DE LA MANIPULATION PERVERSE

On l'a vu au début de cet ouvrage, la manipulation peut, dans certains cas, être positive, faite pour le bien de l'individu, sans intention aucune de le détruire ou de le mettre sous emprise. À l'inverse, elle peut être malsaine, perverse, dans le but unique de détruire l'autre, de le mettre sous sa coupe. Dans ce domaine, le pervers narcissique est un expert ! Le pervers narcissique fait partie du groupe des manipulateurs les plus malsains car ce qu'il convoite, au final, ce n'est ni l'argent, ni le pouvoir sur l'autre mais bien son image. Il cherche à devenir l'autre. Et pour y parvenir, il déploie tout un arsenal de techniques particulièrement perverses et destructrices pour y parvenir. Tentons de cerner un peu plus ce type de manipulateur de l'extrême.

Qu'est-ce qu'un pervers narcissique ?

Perversion narcissique : le terme est à la mode. Mais que veut-il dire exactement ? Cette pathologie a été découverte par le psychiatre et psychanalyste Paul-Claude Racamier au milieu des années 1980 et utilisée dans plusieurs de ses ouvrages : *Entre agonie psychique, déni psychotique et perversion narcissique* (1986), *De la perversion narcissique* (1987) et *Génie des origines* (1992). L'expression est formée de deux termes largement utilisés en psychiatrie, et en particulier dans la psychanalyse freudienne :

- **Perversion :** le terme vient du latin *perversus*, qui signifie renversé. Le pervers est celui qui adopte une attitude contraire à l'usage commun, détourne les choses de leur vraie nature. Il a l'art de renverser les situations : il est la victime et l'autre le coupable. Il dit certaines choses, qui sont contredites par ses paroles, ses attitudes ou ses gestes. C'est aussi celui qui met en œuvre une stratégie dont le but réel est caché par ses agissements. Il se cache derrière des actes d'une apparente normalité pour accomplir le mal, en particulier détruire l'autre en le dénigrant, le dépréciant jusqu'à prendre sa place.

- **Narcissisme** : c'est, selon la définition du CNRTL*, « un amour excessif (de l'image) de soi, associant survalorisation de soi et dévalorisation de l'autre, habituel chez l'enfant, courant chez l'adolescent, compensatoire chez l'adulte ». Le narcissique se valorise de sa propre image, il surestime sa propre valeur et pour garder cet idéal de lui même, il doit rabaisser l'autre sans arrêt.

Selon Paul-Claude Racamier, la perversion narcissique se définit comme « une organisation durable caractérisée par la capacité à se mettre à l'abri des conflits internes, et en

---

* Centre national de ressources textuelles et lexicales, www.cnrtl.fr

particulier du deuil, en se faisant valoir au détriment d'un objet manipulé comme un ustensile ou un faire-valoir ». Le pervers narcissique est non seulement un pervers car il utilise les rapports de force pour renverser les situations à sa faveur. Mais il est aussi victime du trouble de la perversion narcissique car son but ultime est de renforcer l'image de lui-même en s'accaparant chez l'autre ce qui va pouvoir combler ses propres failles.

Une stratégie de défense mise en place dès l'enfance

S'accaparer l'image de l'autre : toute la vie du pervers narcissique est construite autour de ce but. En réalité, il s'agit d'une stratégie de défense construite dès le plus jeune âge, comme **un mécanisme d'adaptation face à une enfance difficile.** Si l'on se penche sur l'enfance des pervers narcissiques, on peut en effet déterminer un certain nombre de points communs présents chez la plupart d'entre eux :

- **Le pervers narcissique a souvent grandi dans une famille en souffrance, en carence sociale ou culturelle.** Très souvent, l'un des deux parents était absent. Ce qui explique pourquoi le pervers narcissique a souvent honte de son passé, de son enfance et refuse d'en parler ouvertement.

- Dans son enfance, **le pervers narcissique a souvent souffert d'une image défaillante**. Il n'a pas été valorisé, reconnu tel qu'il était. Il a été dénigré dans son identité, déprécié. La manipulation est pour lui un mécanisme de défense, un moyen d'adaptation. Elle est inscrite dans sa manière de fonctionner, de se sauvegarder.
- Enfant, il a souvent été **utilisé pour combler le déficit d'amour-propre de ses parents**, comme un outil de valorisation. Et il s'est donné pour mission de valoriser coûte que coûte l'amour propre ou l'amour défaillant de ses parents. Il essaie par tous les moyens de récupérer la valorisation de son image comme pour réparer l'image défaillante de ses parents. C'est en quelque sorte le bras armé de la défaillance narcissique de ses parents.
- Le pervers narcissique a souvent eu **une relation très particulière à sa mère,** dans la plupart des cas indifférente, peu présente, peu investie dans son rôle de maman. Devenu adulte, il reste paradoxalement très attaché à sa mère (ou à la figure maternelle)

avec laquelle il peut entretenir une relation marquée par une ambivalence de haine et d'amour. Il peut être totalement sans pitié avec la victime qu'il s'est choisi et devenir doux et soumis comme un agneau quand il retrouve sa mère.

Résultat : le comportement pervers et narcissique de cet individu est né de cette blessure initiale, de ce traumatisme d'enfance. Il s'agit pour lui d'arriver à être valorisé malgré le contexte familial défaillant marqué par un manque d'investissement et de valorisation parentale. **Toute sa stratégie aura pour but de combler cette faille narcissique initiale : c'est aussi le sens de sa vie.** C'est en ce sens que son comportement relève d'un mécanisme de défense et de survie. Comment le lui reprocher ? C'est comme si on considérait qu'une lionne est violente avec une biche qu'elle course alors que, pour elle, c'est un moyen de survie.

QUELLES DIFFÉRENCES ENTRE UN MANIPULATEUR ET UN PERVERS NARCISSIQUE ?

Le terme de pervers narcissique est tellement devenu à la mode ces dernières années, qu'il est très courant de qualifier de « PN » une personne qui ne l'est pas. Car entre pervers narcissique et personnalité manipulatrice, il existe de réelles différences. Nous en avons listé 20. Sur chaque ligne, cochez la case de la Colonne A ou celle de la Colonne B en fonction de ce qui vous semble correspondre le plus au profil de la personne que vous soupçonnez : est-elle « simplement » manipulatrice ou alors s'agit-il d'un(e) pervers(e) narcissique ?

	COLONNE A		COLONNE B	
1	Il ne s'excuse jamais, c'est pour lui une règle absolue.		Il lui arrive de s'excuser.	
2	Il souffle alternativement le chaud et le froid.		Le climat relationnel entre vous est plus neutre, moins mouvementé.	
3	Il est impossible de repérer quand il ment.		Il est facile de repérer ses mensonges.	

4	Quand vous lui exprimez une émotion, un ressenti, il s'en sert.		Il est capable d'entendre une émotion, un ressenti pour ce qu'ils sont, sans s'en servir ultérieurement.	
5	Il se sent investi d'une mission, d'une grande destinée. Il est mégalomaniaque.		Il a des objectifs et une vision de lui-même beaucoup plus terre à terre.	
6	Avec lui, vous vivez constamment dans la peur.		Le climat de tension qui l'entoure n'est pas permanent.	
7	On ne peut jamais le prendre en défaut.		Il est possible de le prendre en défaut.	
8	Il a fait un listing précis de tous vos besoins et de toutes vos envies, pour pouvoir en tirer parti.		Il est à l'écoute de vos besoins et de vos envies, pour en tirer un avantage, mais il n'a pas établi de listing précis et systématique.	
9	Son but est de vous annihiler.		Son but est de satisfaire ses propres besoins.	
10	Vous avez le sentiment d'entretenir avec lui une relation irrationnelle, extrême et sans limites.		La relation que vous entretenez a toujours un but, un objectif précis et limité.	
11	Il n'avoue jamais sa faute.		Il lui arrive d'avouer sa faute, son subterfuge.	

12	Face à lui, vous vous sentez toujours obligé de vous justifier.		Face à lui, vous n'avez pas constamment le besoin de vous justifier.	
13	Vous avez le sentiment qu'il sait lire dans vos pensées.		Vous avez le sentiment de garder, malgré tout, un jardin secret.	
14	Il ne ressent jamais de culpabilité pour ses actes.		Il lui arrive parfois de se sentir coupable de ses actes.	
15	Quelle que soit la situation, il se montre toujours infaillible.		Il peut montrer ses failles dans certaines situations.	
16	Il a besoin que vous manifestiez une dévotion à son égard.		Il a juste besoin d'une attention de votre part.	
17	Votre relation est marquée par un sentiment d'exclusivité.		Vous avez chacun des espaces séparés dans lesquels vous pouvez évoluer.	
18	Il est très attentif à son image, qui doit être toujours impeccable.		Il n'est pas totalement obsédé par son image.	
19	Il ne supporte pas la critique.		Il est capable d'accepter la critique et de se remettre en cause.	

20	Vous pouvez percevoir en vous de la honte pour ce qu'il vous fait subir.		Vous ressentez envers lui de la colère ou de la rancœur.	
	TOTAL		TOTAL	

Comparez maintenant vos deux totaux.

- Si le total de la colonne A est supérieur à celui de la colonne B : vous avez affaire à un pervers narcissique. La relation que vous entretenez est clairement tournée autour de lui et de lui seul. À ses yeux, vous n'existez que parce que vous servez son image. Il ne supporte à aucun moment la critique ou la remise en question car il est persuadé de détenir la vérité. Votre relation est malsaine, entretenue dans un climat de peur et d'exclusivité destructrice.
- Si le total de la colonne B est supérieur à celui de la colonne A : vous avez affaire à une personnalité manipulatrice. Son but premier est d'atteindre les objectifs qu'il s'est fixé, mais pas de vous détruire pour le seul plaisir de le faire. Il est capable de reconnaître ses fautes ou de se remettre en question quand il le faut. Votre relation est parfois tendue mais vous ne ressentez ni honte ni peur à son égard.
- Si le total de la colonne A est égal à celui de la colonne B : la personne que vous soupçonnez

est à mi-chemin entre le pervers narcissique et le manipulateur. Prenez garde car un PN ne « guérit » pas. Incapable de se remettre en question ou de s'interroger sur le bien-fondé de ses actes, il a très peu de chances de s'améliorer.

Chapitre 2

Petit portrait du manipulé

LES PRINCIPAUX TRAITS DES MANIPULÉS

À l'inverse du pervers narcissique ou manipulateur destructeur, la victime possède des qualités psychologiques d'ouverture et de tolérance, des attributs, des valeurs morales et une forme de réussite (qui sont d'ailleurs l'objet de convoitises de la part du prédateur). Elle ne se pose pas de questions sur son identité et est capable sans problème de dire « je ». Ces traits suscitent l'avidité la plus totale de la part des pervers narcissiques. Ceux qui sont abusés sont ceux qui possèdent naturellement une qualité, un pouvoir, un bien sans avoir conscience de la valeur et de l'importance de ce qu'ils possèdent.

Il leur est difficile d'imaginer que la nature de leur personne puisse être l'objet d'un désir. C'est vrai aussi que ces victimes peuvent de manière transitoire traverser une situation de fragilité, suite à une rupture, un deuil ou même un échec professionnel et déprécier leurs propres qualités.

Intelligence, humanisme et sensibilité

Contrairement à ce que l'on pourrait croire, les victimes des manipulateurs ne sont pas des êtres faibles et bêtes, dépourvus d'intelligence et de sens critique, qui se font avoir par naïveté ! En effet, le manipulateur va choisir comme cibles des personnes qui peuvent potentiellement lui apporter beaucoup. **Plus une personne est marquée par une forme d'intelligence ou de sensibilité, plus elle dispose d'une certaine aura, plus elle sera convoitée par le manipulateur.** Si la personne en face de lui n'a aucune compétence ou qualité particulière, si elle est totalement naïve, elle ne l'intéressera pas, elle ne stimulera pas son désir. En effet, le but du manipulateur est de se saisir de quelque chose chez l'autre. Si ce quelque chose est absent ou si s'en emparer est trop simple, le manipulateur n'y voit aucun enjeu. Il n'a pas besoin d'utiliser de procédures manipulatoires pour parvenir à ses fins, et n'éprouve alors aucune jouissance à détruire une victime trop facile. Voilà pourquoi il délaisse les proies trop naïves ou sans intérêt à ses yeux pour se tourner vers des personnes qui auront toute son attention, et qu'il peut secrètement admirer.

Tolérance et acceptation

L'une des autres caractéristiques des victimes de manipulateurs, c'est leur tolérance, le fait d'accepter l'autre tel qu'il est, à l'inverse du pervers narcissique. Celui-ci reconnaît cette tolérance chez l'autre et sait qu'il peut exercer un pouvoir dessus. La stratégie manipulatoire consiste en effet à repousser chaque fois un peu plus le seuil de cette tolérance, en utilisant des micro-dévalorisations répétées (voir p. 82).

L'une des principales qualités des victimes des manipulateurs est leur capacité à « supporter » (les remarques incessantes, les petites piques, les micro-dévalorisations...). Dans la plupart des cas, c'est le résultat d'un apprentissage qui a eu lieu dans leur enfance. Le plus souvent, elles ont appris à supporter des parents dévalorisants à leur égard, voire agressifs ou violents. À l'inverse des manipulateurs et des pervers narcissiques, elles ont fait fonctionner le principe de résilience. Elles ont réussi à dépasser quelque chose et à atteindre une grandeur d'âme, et c'est cela aussi qui est convoité, jalousé par le manipulateur.

En clair, **les victimes sont des « gentils » (sans aucune acceptation péjorative !), qui acceptent l'autre tel qu'il est, avec ses qualités et surtout ses défauts.** C'est le propre de l'état amoureux : ne plus voir les défauts de l'autre. Et c'est justement pour cela que peut s'installer l'état d'emprise car, totalement aveuglée, prête à tolérer tout de l'autre, la victime se retrouve encline à tout accepter. Elle n'arrive pas à reconnaître que l'autre est méchant voire pervers ou a fait des choses inacceptables car justement, son seuil de tolérance est très élevé (et encore plus après le processus manipulatoire). Impossible pour elle de reconnaître le mal chez l'autre, elle va toujours l'excuser : « Il a eu une enfance pas facile », « Mais il est tellement gentil avec les enfants... ». Il est également pour elle impossible de reconnaître qu'elle est finalement plus que tolérante : soumise, trop indulgente. Voilà pourquoi l'emprise est totale et pourquoi la victime ne parvient pas à en sortir.

Le refus du conflit

On peut également voir la tolérance comme une difficulté à se positionner dans le conflit, comme une forme d'évitement du conflit avec l'autre. C'est souvent le résultat d'une éducation rude où l'enfant a appris à éviter la réprobation, le courroux de ses parents. L'évitement du conflit peut être motivé soit pour se protéger (on parle d'évitement de protection) soit par l'illusion que les choses vont s'arranger d'elles-mêmes (évitement d'accommodement).

Dans **l'évitement de protection**, la personne peut refuser d'entrer en conflit avec l'autre pour plusieurs raisons :

- **Elle peut avoir peur des émotions que ce conflit pourrait engendrer chez l'autre.** Par exemple, face à une personne colérique, le réflexe peut être de ne pas se mêler du conflit, voire de faire comme s'il n'y avait pas de problème, pour ne pas démultiplier cette colère et en subir les conséquences. C'est le cas typique du parent qui cède à son enfant en lui donnant ce qu'il veut ou, à l'inverse, le cas de l'enfant qui accepte de faire quelque chose pour éviter la colère de son père ou de sa mère. L'idée est de tout faire pour ne pas aggraver la situation.

- Cette attitude de protection face au conflit peut aussi être **liée au sentiment que l'on n'a pas les moyens matériels et psychiques de se défendre**. C'est par exemple le cas des femmes battues qui ne quittent pas leur mari car elles n'ont ni travail, ni argent, ni logement à elles. La peur de se retrouver seul face au conflit, sans soutien extérieur, joue également.
- La volonté de se protéger peut également être **liée à des expériences passées douloureuses**. Si vous avez déjà vécu un conflit de ce type qui s'est mal terminé (avec une rupture amoureuse ou amicale par exemple), vous êtes naturellement plus enclin à ne pas vouloir reproduire le même schéma.
- **La dimension culturelle peut aussi entrer en ligne de compte** dans cet évitement du conflit. Ainsi, dans la culture chrétienne par exemple, il est d'usage de tendre la deuxième joue, et pas d'entrer dans le conflit.

L'évitement d'accommodement, lui, consiste à éluder le conflit de deux manières différentes :

- **Soit en ne le reconnaissant pas** et donc en l'évitant, en espérant que le conflit s'apaise de lui-même avec le temps, s'il n'est pas nourri. Exemple : une femme fait la sourde oreille face aux reproches répétés de son mari.
- **Soit en se montrant accommodant avec l'autre**, c'est-à-dire en lui cédant un avantage particulier en espérant ainsi l'apaiser… alors que c'est tout le contraire qui se produit puisque l'autre, voyant que sa stratégie donne des résultats, est ainsi encouragé à maintenir ses demandes ! Exemple : un patron intransigeant demande avec insistance à l'une de ses employées de renoncer à ses deux jours de congés posés pour travailler sur un dossier urgent. L'employée accepte de faire des heures supplémentaires le soir chez elle pour avancer sur le dossier.

Dans les deux cas, l'évitement pathologique du conflit conduit à laisser la situation d'emprise s'installer. Le fait de laisser passer des remarques, de plus en plus en provocantes ou dégradantes, sans réagir, aboutit à une aliénation. À partir du moment où l'on renonce à s'opposer, on établit une situation permanente de conflit et de tension psychique, qui aboutit à la consolidation de l'emprise. Plus on évite le conflit, plus il devient grand. Plus on a peur d'avoir peur, moins on affronte cette peur, plus elle devient forte, et plus l'emprise est grande. C'est un cercle vicieux. L'installation du mécanisme de l'emprise pourrait se schématiser de la manière suivante :

Peur de la peur ⟶ évitement ⟶ augmentation de la peur ⟶ emprise ⟶ perte de confiance en soi, de ses capacités d'analyse de jugement ⟶ peur de la peur

Le bouc émissaire

La notion de tolérance évoquée un peu plus haut aboutit également à l'idée de sacrifice. La tolérance consiste en effet à supporter jusqu'à se sacrifier pour l'autre. C'est le principe de bouc émissaire, qui a été théorisé par le philosophe René Girard dans plusieurs ouvrages*. Sur de nombreux points, le bouc émissaire et le manipulé ou la victime du pervers narcissique se ressemblent.

---

* *La violence et le sacré*, Éditions Bernard Grasset, 1972, *Le bouc émissaire*, Le Livre de Poche, 1986.

Selon René Girard, le phénomène du bouc émissaire est, entre autres, le résultat de ce qu'il appelle un « triangle mimétique ». Ce triangle a trois pôles, reposant sur une relation dynamique entre deux personnes (A et B) et un objet réel ou symbolique.

- **B dispose d'un bien** (objet matériel ou immatériel) **que A n'a pas.** B est donc le modèle pour A car il dispose d'un objet ou d'une qualité qu'il n'a pas.
- **Plus A va désirer ce bien, plus B va faire de même par une logique mimétique**, car il considère que si A désire ce bien, c'est qu'il a une valeur et qu'il est l'objet d'un désir. Et donc B va également, par mimétisme, désirer non pas forcément l'objet en lui-même, mais le désir que A manifeste pour cet objet. Il s'ensuit une forme d'escalade pour obtenir et maintenir la propriété du désir de ce bien. Le mimétisme par rapport au désir génère alors une rivalité et, par un phénomène de feed-back, la rivalité renforce le mimétisme : c'est ce que l'on appelle le principe du désir mimétique. Plus la tension vers l'objet est grande, plus l'indifférenciation entre A et B est importante. Il existe une similarité

entre les désirs qui devient une source de confusion identitaire.

- **B devient A, il se crée une indifférenciation entre eux autour de ce désir devenu similaire**
  On va beaucoup plus facilement désirer ce que désire l'autre, plutôt que l'objet en lui-même. Si votre idole a acheté telle ou telle paire de lunettes, ce qui vous importe, c'est le mimétisme de cette personne qui désire cette paire de lunettes plutôt que les lunettes en elles-mêmes. De même, désirer ce que l'autre possède ou désire, c'est lui reconnaître un objet qu'il a, mais aussi, dans le même temps, constater son propre manque ou sa propre insuffisance. Ce qui pourra alimenter une jalousie, une avidité voire une haine à l'égard du modèle. Notre idole, pour fixer également son désir, sera également attentive à ce que désirent ses admirateurs, ceci lui sera nécessaire pour élire l'objet de ses futurs désirs. Il se met en place une circularité où chacun désire ce que l'autre désire et c'est ainsi qu'il s'établit une symétrie entre le sujet et son modèle. Cette symétrie génère une forme d'indifférenciation qui suscite de la violence et une exclusion de l'autre pour sortir de cette

symétrie. Le processus pour la mise en place du bouc émissaire peut démarrer.

C'est cette indifférenciation qui est porteuse de violence, de conflit, d'exclusion et de la constitution de ce bouc émissaire. L'individu A et l'individu B vont se regarder en miroir l'un par rapport à l'autre comme Narcisse regarde et tombe amoureux de son propre reflet dans l'eau, jusqu'à se noyer. L'identique est une menace que l'on rejette par la violence ou par la stigmatisation de l'autre.

C'est **toute la problématique du pervers narcissique qui désire s'accaparer les qualités morales de sa victime et, en même temps, fait le constat de ses manques**, ce qui alimente sa violence et sa haine. De son côté, la victime, qui idéalise et désire toutes les qualités de maîtrise ou de prestige de son persécuteur, valide ses propres failles et se met en position de fragilité et de victime, voire de bouc émissaire.

Certaines phrases de René Girard sur le bouc émissaire rappellent le processus à l'œuvre dans la perversion narcissique :

- « Fixer son attention admirative sur un modèle, c'est déjà lui reconnaître ou lui accorder un prestige que l'on ne possède pas, **ce qui revient à constater sa propre insuffisance d'être** », écrit René Girard*. De la même façon, le manipulateur ou le pervers narcissique cherche chez l'autre quelque chose qui pourra combler sa propre image défaillante.

- René Girard note aussi que « **le sujet méconnaîtra toujours cette antériorité du modèle**, car ce serait du même coup dévoiler son insuffisance, son infériorité, le fait que son désir est, non pas spontané mais imité. Il aura beau jeu ensuite de dénoncer la présence de l'Autre, médiateur de son désir, comme relevant de la seule envie de ce dernier ». De la même façon, le pervers narcissique ou le manipulateur agit dans l'ombre et ne reconnaîtra jamais le manque dont il est victime. Il rejettera toujours la faute sur l'autre.
- **Le bouc émissaire n'est pas choisi au hasard**, souligne également René Girard : il existe un typage des victimes. La victime est chargée de traits victimaires réels ou imaginaires, ce qui la condamne. Elle est désignée comme victime pour sortir de l'indifférenciation source de violence autant au niveau sociétal que dans une relation où le

* Source : *Mensonge romantique et vérité romanesque*, Éditions Grasset, 1961.

narcissisme domine. C'est le cas également dans le processus de manipulation perverse. On l'a vu un peu plus haut : le manipulateur ou le pervers narcissique choisit sa cible en fonction de certains critères, de sa tolérance excessive par exemple. Ce sont, au même titre que dans la pensée de René Girard, les signes victimaires qui orientent le désir du manipulateur perverse. Le choix de la victime est d'autant plus important qu'elle permet d'atteindre un certain équilibre dans la relation mais surtout une différenciation au sein de cette relation. L'identique est insupportable, il devient une menace qu'il faut évacuer. En quelque sorte, le manipulé accepte d'être la victime sacrificielle de l'autre, afin que la relation se maintienne dans un certain état d'équilibre.

- Pour que le processus du bouc émissaire fonctionne, René Girard explique aussi que **les individus autour doivent être persuadés de la culpabilité du bouc émissaire** et que, dans une moindre mesure, le bouc émissaire soit lui-même persuadé d'être coupable. De la même manière, le pervers narcissique ou le manipulateur va tout mettre en œuvre pour rejeter la faute sur sa victime et pour qu'elle-même soit persuadée qu'elle est fautive.

Le syndrome du sauveur

Humain, sensible, tolérant, le manipulé a le besoin constant d'aider les autres. C'est aussi ce qui va le rendre plus fragile face à la manipulation. Il est trop empathique, toujours en train de se questionner pour l'autre, de se substituer en pensée ou en acte à l'autre pour résoudre une difficulté. En faisant cela, il se sauve de lui-même mais perd provisoirement son identité pour s'identifier à la difficulté éventuelle de son partenaire. Il se raccroche à ses compétences propres de manière à pouvoir se substituer à son partenaire, à pouvoir se dévouer pour lui dans tel ou tel domaine dans lequel il n'est pas forcément compétent. **Une manière pour lui de justifier de son utilité dans la relation** et de lui rendre tout ce qu'il lui donne. On retrouve ici l'idée de sacrifice, très présente chez les manipulés.

Exemple : *dans le couple, une femme se charge de toutes les tâches administratives : paiement des factures, déclaration d'impôts, gestion de la nounou... Elle le*

fait non pas parce qu'elle aime cela mais parce qu'elle veut aider son partenaire en lui faisant profiter de ses atouts : elle est rigoureuse, organisée… alors que lui s'estime ne pas être compétent dans ce domaine.

Le manipulé trouve ainsi sa place dans la relation à l'autre en se mettant à la place de la partie manquante de l'autre. Il vient sauver l'autre de sa part manquante, sans même que l'autre lui ait rien demandé : c'est le syndrome du sauveur. L'autre est désorganisé et les formalités administratives l'ennuient ? Le manipulé va s'en charger sans rechigner. L'autre est en manque d'argent ? Le manipulé va volontiers lui donner toutes ses économies pour combler ce manque. L'autre est en manque d'affection ? Là encore, le manipulé va se dévouer corps et âme. L'autre fait la tête ? Le manipulé va s'efforcer d'être joyeux et de sourire encore plus pour combler la tristesse apparente de l'autre. À ce titre, cela peut être envisagé comme une forme de manipulation passive : en comblant sa part manquante, en se présentant comme un sauveur, le manipulateur offre un cadeau de manière à ce que l'autre se sente redevable et lui montre encore plus d'amour, d'attention… La victime se met alors dans une position d'attente passive.

Elle se tait, en attendant la reconnaissance de l'autre, ce qui ne viendra, dans la majorité des cas de manipulation, jamais. Le mécanisme est le même chez les personnes qui prêtent de grosses sommes d'argent ou chez celle qui se font violenter : elles restent passives, la honte les empêche de parler. Elles se raccrochent à leur besoin de reconnaissance et d'amour et s'épuisent en vain.

Chapitre 3

Manipulateur et manipulé : une rencontre… programmée !

QUAND LA MANIPULATION POSE PROBLÈME : LES 6 SIGNES QUI DOIVENT VOUS INCITER À DIRE STOP

1. Votre identité propre est mise en doute

Le propre du manipulateur est de créer de la confusion dans l'esprit de sa victime, de lui faire perdre tous ses repères afin de la mettre « à sa merci ». On l'a vu, les techniques pour arriver à cette fin sont très nombreuses. La confusion concerne d'abord des petites choses insignifiantes (Vous ne savez plus s'il veut que vous preniez en charge ce dossier, s'il préfère la viande au poisson...) puis, petit à petit, la confusion s'étend jusqu'à attaquer votre propre identité. Le but ultime est de créer une attente chez l'autre, de le mettre en position d'attente d'une révélation et d'une reconnaissance. Vous attendez une réponse claire, un positionnement précis, or vous ne l'aurez jamais. **C'est le germe du processus de destruction de l'identité.** Résultat : vous avez du mal à savoir si vos propres idées ont une valeur, si vos désirs sont légitimes, si la valeur que vous attribuez aux choses est justifiée. Vous remettez en question votre capacité à communiquer, vous n'êtes plus certain des mots que vous utilisez et du sens de ces mots.

Il faut dire stop quand :

- Vous vous remettez en question
- Vous doutez de vous-même
- Vous vous dites : « C'est moi qui ai un problème ? »

2. Vous avez une sensation de malaise diffuse

Le fait de ne jamais être certain de quoi que ce soit entraîne un état émotionnel incertain, une sensation de malaise que vous ne pouvez pas clairement identifier. Vous n'êtes jamais en appui sur une certitude, incapable de vous projeter vos émotions, vos pensées ou vos désirs dans le futur. **Cette situation doit être stoppée car elle porte en elle le germe de l'anxiété**, avec toutes les manifestations physiques qui l'accompagnent (voir p. 144).

Il faut dire stop quand :
- Vous ne savez pas si vous devez en rire ou en pleurer.
- Vous êtes incapable de vous projeter dans l'avenir.

3. Vous ne cessez de ruminer ce qu'il vous dit, ce qu'il vous fait

La confusion que le manipulateur instille dans votre esprit vous amène à douter de la justesse de vos pensées, et même de la justesse de votre mémoire. Résultat : vous revenez en boucle sur l'historique de la situation, vous ressassez sans cesse dans votre tête les événements dans l'espoir de réussir à décrypter la réalité de ce qu'il s'est passé. Or, repasser dans son esprit plusieurs fois de suite la même situation ou les paroles de l'autre en essayant d'y trouver un sens, **c'est le signe que l'on est sous influence et qu'il y a un véritable traumatisme**. Plus la scène revient, plus elle a un caractère traumatique. C'est le propre du traumatisme de ressasser jusqu'à l'obsession. C'est comme si la pensée était phagocytée par ces situations qui reviennent de manière incessante. Vous vous épuisez à reconstruire une histoire qui n'a pas de sens.

Il faut dire stop quand :

- Vous ne cessez de revivre la scène.
- Vous ne parvenez pas à trouver de réponse, de sens à la situation, malgré vos tentatives.
- Ces pensées qui tournent en boucle dans votre esprit vous épuisent, physiquement et moralement.

4. Vous n'êtes jamais serein quand le manipulateur est dans les parages

En présence du manipulateur, **vous avez un sentiment d'insécurité permanent**. Vous ne savez jamais à quel moment ou dans quelle situation le manipulateur peut vous menacer, vous critiquer, vous insulter… Vous avez non seulement peur de sa présence physique mais aussi de ses messages. Vous êtes donc constamment en hypervigilance, ce qui accentue encore un peu plus votre sensation d'épuisement.

Il faut dire stop quand :

- Il occupe toutes vos pensées, jour et nuit, et cela vous épuise physiquement et moralement.
- Vous ne pouvez jamais avoir l'esprit tranquille quand il est présent.
- Même quand il n'est pas là, vous le craignez.

5. Vous n'êtes plus capable de décider et d'agir

En proie au doute, vous êtes toujours en train d'évaluer le pour et le contre sans jamais réussir à prendre une décision, et donc à agir. Vous essayez pourtant de trouver des réponses, par exemple en notant ce que le manipulateur vous dit, en tenant un journal de la relation, comme si vous étiez sans cesse dans l'étonnement, dans la stupéfaction. Vous ne savez pas si vous vous trompez ou non sur son compte, si vous devez ou non mettre fin à la relation. **Ces questions tournent en boucle dans votre tête, et vous êtes incapable d'y voir clair.** Or l'impossibilité de décider ou d'agir par soi-même est l'un des critères de l'état dépressif.

Il faut dire stop quand :

- Vous ne savez plus vous positionner, vous ne savez plus ce que vous pensez.
- Malgré vos tentatives pour y voir clair, vous en êtes toujours au même stade, avec les mêmes interrogations.
- Vous êtes incapable de prendre la moindre décision concernant la relation que vous avez à l'autre.

6. Vous êtes victime de troubles physiques et psychologiques

L'anxiété générée par la situation de manipulation a **des répercussions sur tous les plans, aussi bien psychologique que physique**. Les symptômes sont plus ou moins associés aux manifestations de l'anxiété. Voici les principaux :

- perte de confiance en soi
- sentiment de désinvestissement
- sentiment d'infériorité
- rumination mentale
- altération de la qualité du sommeil, insomnies, cauchemars
- troubles de l'alimentation : tendances boulimiques ou anorexiques
- manifestations psychosomatiques : douleurs abdominales, sentiment de pression thoracique, maux de tête, prurit, tachycardie, bouffées de chaleur, irritabilité...
- fatigue chronique, dépression

Il faut dire stop quand :

- Vous sentez l'un de ces signes.
- Vous vous dites : « Il me pompe toute mon énergie » ou « C'est lui qui me rend malade ».

3

SE SORTIR DE LA MANIPULATION : LES STRATÉGIES EFFICACES

Chapitre 1

Sortez du mensonge, arrêtez de croire à l'imaginaire

MENSONGE, IMAGINAIRE ET MANIPULATION

On l'a vu un peu plus haut : la manipulation n'est pas une relation à sens unique. Si le manipulateur utilise différentes techniques pour asseoir son emprise sur sa victime, celle-ci y trouve, à un moment ou à un autre, son compte. Toutes les victimes de manipulation cherchent chez leur bourreau, du moins au tout début de leur relation, une plus-value en termes d'image ou d'avantage. Elles s'identifient à une personne sûre d'elle, qui ne s'interroge pas sur certaines valeurs morales. En quelque sorte, **elles cèdent à**

la facilité, aux belles promesses d'une vie plus facile et meilleure, en apparence seulement.

Exemples :

› *Dans le travail, la manipulation a souvent pour toile de fond l'espoir d'un poste meilleur, d'un avantage en termes de position hiérarchique ou d'argent. Le manipulateur fait miroiter à sa victime la possibilité d'accéder facilement à un poste plus élevé et mieux payé, sans même qu'il ait à faire le moindre effort ou qu'il doive suivre les étapes traditionnelles qui peuvent amener à une promotion.*

› *Dans le couple, le manipulateur promet à sa victime, souvent en galère financière ou en manque d'amour, des avantages matériels et/ou une sécurité affective durable.*

Séduite par ces belles paroles et ces belles promesses, la victime se déconnecte petit à petit du réel. Conquise par l'idée d'un avantage facile, elle met le pied dans un engrenage. **Elle perd le sens des réalités et entre dans un processus imaginaire pour éviter de se confronter à une réalité difficile, voire inaccessible.** Rares en effet sont les entreprises qui acceptent de donner une promotion ou une augmentation à un salarié aussi facilement ! Dans le couple, rares sont les princes charmants en mesure d'offrir à l'autre une vraie vie de conte de fées, sans aucun nuage, à leur partenaire ! Or à partir du moment où l'on entre dans ce processus, où l'on accepte d'adhérer à cette vie imaginaire beaucoup plus douce et confortable en apparence, on se ment à soi-même et on s'enfonce dans le mensonge. Plus le réel s'éloigne et plus il est difficile de s'y raccrocher ! Non seulement on se ment à soi-même, mais en plus on est prisonnier de ce mensonge, de cette vision biaisée de la réalité. Les moindres faits et événements sont vus à travers ce prisme de l'imaginaire. C'est ce que les psychologues appellent la théorie des distorsions cognitives (les cognitions se définissant par l'ensemble des connaissances, des croyances et des représentations mentales).

Cette théorie de la distorsion cognitive est très souvent avancée pour expliquer la dépression. Chez le sujet dépressif en effet, une série d'interprétations et de représentations biaisées du monde crée une vision systématiquement négative des choses : « Si je n'ai pas décroché ce poste, c'est parce que je suis vraiment nul »,

« Cette fille a refusé de sortir avec moi, je serai toujours malheureux en amour », « Cette personne m'a grillé la priorité, tous les gens sont vraiment malpolis », « Le monde court à sa perte », « Tout est foutu, c'est sans espoir »...

On le verra, chez la personne manipulée, le phénomène de vision biaisée de la réalité est le même, mais il aboutit à un résultat totalement opposé. Alors que le dépressif s'enfonce dans une vision noire et négative des choses, le manipulé refuse cette noirceur et s'accroche en revanche à un imaginaire merveilleux et positif, aux belles promesses que lui a faites le manipulateur... Une autre façon de se défendre et de fuir la réalité, en refusant de voir les choses en face. L'acceptation inconsciente de ce statut de manipulé devient alors en soi **un mécanisme de défense contre un état de mal-être, voire de dépression.** C'est sa façon à lui de ne pas sombrer dans la dépression. Et c'est ce qui explique pourquoi l'emprise est si forte. Pour casser cette emprise, **il est essentiel d'identifier ces distorsions cognitives afin de s'en libérer.** C'est ce que nous allons faire dans la suite de ce chapitre.

6 SOLUTIONS POUR RETROUVER LE SENS DES RÉALITÉS

Détaillons maintenant les principales distorsions cognitives présentes chez la victime de manipulation : elles seront proportionnellement inversées au modèle de Jesse H. Wright pour la dépression (voir encadré ci-dessus). Nous proposerons des solutions à mettre en œuvre pour rétablir des pensées plus réalistes, qui éviteront à la victime de tomber dans le cercle vicieux de la manipulation.

Arrêtez de vous faire des films

Le fait de tirer des conclusions hâtives (aussi connu sous le nom d'inférence arbitraire dans le langage des psychologues) est l'une des distorsions cognitives les plus courantes dans les situations de manipulation. Il s'agit, dans cette logique, de s'autopersuader, en se basant sur un signe anodin et mineur, que le rêve dans lequel on veut croire peut être réel et cohérent. Le manipulé isole un élément du discours et l'utilise pour dérouler une histoire imaginaire qui va effacer la réalité de la situation qu'il ne veut pas voir.

Exemples :

› *Votre amoureux vous dit : « Je te trouve très belle et très intelligente. » Vous imaginez alors tout de suite qu'il va vous demander en mariage, que vous allez vivre ensemble dans le bonheur total jusqu'à la fin de votre vie.*

› *Votre chef vous dit : « Je suis vraiment satisfait du travail que vous avez effectué sur ce dossier. » Pour vous, c'est sûr, demain il va vous convoquer dans son bureau pour vous donner une promotion ou une augmentation.*

Les bons réflexes à adopter :

- Faites preuve d'un peu plus d'objectivité en prenant les mots pour ce qu'ils sont et en faisant attention à ne pas les interpréter de la manière qui vous arrange. Votre amoureux vous dit simplement qu'il vous trouve belle et intelligente.
  Rien d'autre : il n'a pas dit que vous étiez la femme de sa vie, qu'il vous aimait et qu'il voulait partager toute sa vie avec vous.
- Reliez les déclarations à des faits précis. Votre chef vous félicite pour un travail donné, effectué sur un dossier précis. Il n'est pas en train de vous dire que, de manière générale, il apprécie tout ce que vous avez fait depuis

que vous êtes arrivé à votre poste. Et encore moins que vous avez toutes les compétences pour accéder au poste que vous visez.
- Acceptez de voir la réalité du présent en face. En imaginant des scénarios idylliques, vous vous projetez dans un futur où vos propres failles ou manques seraient comblés. Cela permet, dans un sens, de ne pas vous interroger sur vos failles immédiates.

Ne vous concentrez pas uniquement sur le côté blanc des choses

À l'inverse du dépressif « classique » qui voit tout en noir, le manipulé a tendance, dans la phase de lune de miel, à surinvestir tout ce qui est positif dans la relation qu'il entretient avec le manipulateur. À voir tout en blanc. Pour lui, tout est du ressort du rêve, de la magie. Il a le sentiment que la rencontre avec le manipulateur est la chance de sa vie. Quitte à zapper totalement tous les éléments de la relation qui ne cadrent pas du tout avec cette description idyllique. On parle ainsi d'abstraction sélective.

Exemple :

› *Vous venez de passer une semaine de vacances avec l'homme de votre vie. Il n'a pas levé le petit doigt pour vous aider à faire les valises ou les courses. Mais vous persistez à dire : « Le rêve total, ces vacances ! »*

Les bons réflexes à adopter :

- Dites-vous que, dans la vie, tout n'est jamais ni tout blanc, ni tout noir. N'oubliez pas que le monde est fait de nuances. Sans nuances, pas d'esprit critique. C'est la porte ouverte à la manipulation et au totalitarisme.

Mettez de la distance entre vos émotions et la situation

Dans la première phase de manipulation, celle de la lune de miel, le manipulé éprouve un état émotionnel très intense, une joie forte comme une révélation : « C'est l'homme que j'attendais depuis toujours ! » Il a alors tendance à se focaliser sur les émotions ressenties lors de ce moment-clé de la relation et à les prendre comme témoins ou preuves de la situation. Il en tire la conclusion que la relation avec cette personne sera toujours marquée par cet état. Encore une fois, la dimension magique et imaginaire prend le dessus sur la rationalité et la logique. Les émotions deviennent la base du raisonnement : c'est le principe du raisonnement émotionnel. Le manipulé ne met plus aucune distance entre ses émotions et le contexte. La raison est comme reléguée au second plan.

Exemples :

› *Votre nouveau chef vous fait miroiter un nouveau poste mieux payé et plus intéressant. Vous ressentez une certaine joie et vous pensez immédiatement que vous avez de la chance. Vos émotions vous font oublier le côté objectif de la situation : cela fait des années que vous faites votre travail consciencieusement. Vous avez les compétences et l'expérience requises pour ce poste. Et s'il vous l'accorde, c'est parce que vous le méritez.*

› *Pour recruter de nouveaux adeptes, les sectes organisent des réunions chaleureuses, où règne une certaine ambiance de fraternité, d'écoute des autres, de respect mutuel... L'objectif : vous faire croire que toute la relation à la secte sera marqué par ce même sentiment et vous faire oublier toutes les émotions négatives qui pourraient survenir.*

Les bons réflexes à adopter :

- Remettez vos émotions à leur place et ne les prenez pas au pied de la lettre. Ce n'est pas parce que vous ressentez de la joie dans telle ou telle situation que tout est parfait et que vous ressentirez la même chose tout le temps. De la même manière, pour prendre un exemple inverse, ce n'est pas parce que vous vous sentez anxieux avant de prendre en avion que, forcément, un accident va arriver.
- Ne tombez pas dans le piège du manipulateur : sa technique est justement de vous faire entrevoir, dans les premiers temps de la relation, le côté magique ou merveilleux de sa personnalité ou de la relation que vous pouvez entretenir. Son objectif est aussi de vous faire croire que ce sera comme cela tout le temps.
- Interrogez-vous sur vos envies, vos rêves, vos besoins... Souvent, les victimes potentielles de manipulation sont dans un certain état de lassitude psychique. Elles ont envie de croire à quelque chose de merveilleux, de magique, qui pourrait réveiller leur âme d'enfant. Le

manipulateur arrive alors à point nommé pour réaliser ce rêve. Et si vous repreniez les choses en main et ne comptiez que sur vous-même pour accéder à ce dont vous avez vraiment envie ?

Évitez de cataloguer l'autre

« Il est tellement généreux », « Il est si cultivé », « Il est tellement beau »... Les victimes de manipulateur ont tendance à résumer la personnalité du manipulateur avec un ou deux mots seulement, à lui mettre une « étiquette » (c'est ce que les psys appellent d'ailleurs le principe d'étiquetage). C'est un procédé dangereux car il implique de se voiler la face sur l'ensemble de la réalité de la personne et d'excuser tout le reste. La porte est grande ouverte à la manipulation !

> ***Exemple :***
> ❯ *Un homme vous fait un superbe cadeau au tout début de votre relation. Vous en concluez que c'est une personne généreuse. Ce qualificatif devient pour vous comme une étiquette qui lui colle à la peau tout au long de votre relation. Cela excuse tout le reste : le fait qu'il ne vous aide pas dans les*

tâches ménagères, qu'il ne s'occupe jamais des enfants, qu'il ne vous fait jamais de compliments... « Oui, mais il est tellement généreux ! »

Les bons réflexes à adopter :

- Arrêtez de vous voiler la face ! Cette représentation idéalisée de l'autre vient, le plus souvent, combler une carence, un manque personnel. Vous placez une attente si forte dans l'autre que vous l'idéalisez pour qu'il colle à l'image que vous vous faites de lui. De cette façon, vous vous enfermez dans votre propre mensonge, et vous ne pouvez que subir la manipulation.
- Posez-vous la question de manière objective : cette personne généreuse l'est-elle vraiment ? Quels sont les faits qui vont dans ce sens et ceux qui vont dans le sens inverse ?
- Essayez également de trouver une dizaine d'autres adjectifs (positifs ou négatifs) qui peuvent décrire cette personne. Si nécessaire, demandez l'avis de certains de ses proches. De cette manière, vous pourrez brosser un portrait de lui un peu plus complexe et donc réaliste.

Ne prenez pas tout personnellement

Les victimes de manipulateurs ont tendance à se sentir responsables pour l'autre, à se sentir coupables si l'autre a des attitudes négatives, à s'attribuer la responsabilité des mauvais comportements de l'autre. Elles s'attribuent à tort une responsabilité sur le vécu intérieur de l'autre, et se sentent responsables des émotions ressenties par leur interlocuteur. Elles interprètent tous les événements en fonction d'elles-mêmes : quoi qu'il arrive, c'est toujours de leur faute, que l'événement soit négatif ou positif. Elles sont en quelque sorte complètement dépendantes de l'autre. Résultat : elles font tout pour ne pas froisser l'autre, et engendrer chez lui des émotions agréables. Encore une fois, elles se font totalement manipuler.

Exemple :

› *Ce matin, votre boss arrive dans votre bureau avec un grand sourire. Vous pensez immédiatement que c'est parce que le travail que vous lui avez rendu hier lui a plu, et pas parce qu'il s'est levé du bon pied.*

› *Votre mari mange avec avidité son dîner. Vous pensez que c'est parce que le repas que vous lui avez préparé est excellent, et pas parce qu'il a faim.*

❯ *Une amie vous appelle au téléphone et vous comprenez à son ton qu'elle est très contrariée. Vous imaginez tout de suite que vous avez fait quelque chose qui l'a froissée.*

Les bons réflexes à adopter :

- Dans chaque situation, essayez de déterminer les autres facteurs qui pourraient expliquer la situation. Si votre chef arrive avec un grand sourire le matin, c'est peut-être parce qu'il a très bien dormi, qu'il part ce soir en vacances, qu'il a eu une promotion... Bref, cela n'a sûrement rien à voir avec vous.

Arrêtez de vous « sentir obligé »

Dans la plupart des cas, les victimes de manipulateur intègrent de manière excessive les normes sociales du bien-vivre ensemble, de ce qu'il est convenu de faire. Et le manipulateur ne va pas se priver pour en jouer en sa faveur en lui rappelant à tout bout de champ ces grands principes pour obtenir ce qu'il veut. C'est ce que le psychologue américain Albert Ellis appelle la

« musturbation » (de l'anglais *must*, devoir). Les personnes manipulables font passer le devoir et la loyauté avant tout, elles se sentent obligée d'obéir à certaines normales sociales stéréotypées comme la bonté, la loyauté, la gentillesse, la politesse… Résultat : elles ne se rebellent jamais quand on empiète sur leur territoire ou quand on leur marche sur les pieds, tout cela au nom du respect de l'autre.

Exemple :

❯ *Une copine au chômage vous demande de lui prêter 200 euros. Vous vous dites qu'elle est dans une situation financière difficile en ce moment, et que c'est normal de faire preuve d'un peu de générosité dans ce cas.*

❯ *Une personne âgée vous grille la place dans la file d'attente à la poste. Dans votre esprit, cela ne pose pas de problème. Les personnes âgées demandent un certain respect et il faut les laisser passer devant vous… même si elles le font sans rien demander.*

Les bons réflexes à adopter :

- Bannissez certaines expressions de votre vocabulaire : « Il faut que… », « Je dois… ». Soyez moins rigide avec vous-même et faites davantage confiance à votre intuition. Cette copine au chômage qui vous demande de l'argent, vous savez qu'elle n'est pas du tout fiable. Vous lui avez déjà prêté de l'argent à plusieurs reprises et elle ne vous a jamais remboursé.

- N'excusez pas les comportements qui, eux, ne respectent pas certaines normes sociales de base. Une personne qui vous grille la place dans une file d'attente sans rien vous demander, c'est totalement impoli. Au nom de vos propres principes, n'hésitez pas à le lui faire remarquer !

Chapitre 2

Mettez-vous des limites à vous-même

L'une des issues pour sortir de la manipulation est d'arrêter de se poser des questions et de poser de nouveau une morale. Vous pouvez accepter certaines choses, mais pas d'autres. Les personnes manipulées ont souvent un seuil de tolérance très élevé, dont le manipulateur va sans cesse repousser les frontières. À vous de lui dire stop en vous mettant des limites à vous-même :

- Qu'est-ce que vous acceptez ? / Qu'est-ce que vous n'acceptez pas ?
- Qu'est-ce qui est supportable ? / Qu'est-ce qui n'est pas supportable ?
- Quels sont les mots acceptables de sa part ? / Quels sont les mots inacceptables de sa part ?

ANALYSEZ LE LEXIQUE DE LA RELATION

Analyser les paroles de l'autre va permettre de qualifier la relation de manière claire et précise et donc de définir des limites à ne pas dépasser. Pour cela, faites cet exercice : pour chaque parole qui vous est adressée, mettez un petit symbole qui qualifie l'échange. Cela vous permettra de prendre conscience de ce qui se joue dans la communication. À vous de compléter ce listing !

Si vous avez affaire à une parole...	**mettez le symbole**
... qui tue	
... qui submerge	
... qui englue	
... qui salit	
... qui embrouille	
... qui détruit	
... qui répare	

... qui relie 

... qui touche 

... qui embellit 

... qui guérit 

... .

SORTEZ DU CADRE !

Enregistrer les paroles ou les relire après dans un autre cadre ou dans d'autres circonstances est nécessaire pour prendre le recul nécessaire à l'analyse. Les faire lire ou écouter à quelqu'un d'autre, les analyser ensemble, permet également un regard plus objectif sur la relation.

INTERROGEZ VOS BESOINS

Pour définir les limites à ne pas dépasser dans la relation, il est également important de clarifier ses besoins, et de se poser les questions suivantes :

- Qu'est-ce que je veux vraiment ?

- Ce que je dis vouloir vient-il vraiment de moi ?
- Qu'est-ce que je veux avec l'autre ?
- Qu'est-ce que l'autre me veut ?
- Qu'est-ce que je peux donner à l'autre ?
- Qu'est-ce que l'autre peut me donner ?
- Qu'est-ce que je ressens pour l'autre ?
- Comment est-ce que je ressens les sentiments de l'autre ?

Une fois toutes ces questions posées, gardez en tête qu'il faut toujours privilégier ce qui est de l'ordre du besoin.

On distingue classiquement cinq catégories de besoins :

- les besoins physiologiques : faim, soif, sommeil, respiration, chaleur, sexualité…
- les besoins de sécurité : confort matériel, argent, logement, santé…
- les besoins d'appartenance : amour, affection, statut social, relations sociales…
- les besoins d'estime : reconnaissance, ambition, utilité, autonomie, différenciation…
- les besoins d'accomplissement et de réalisation de soi : valeurs, développement personnel, épanouissement…

Le psychologue américain Abraham Maslow a théorisé cette approche dans les années 1940, qu'il a appelée « hiérarchie des besoins ». Il a schématisé ces différents besoins sous la forme d'une pyramide (voir p. 171). Il explique que tous les besoins sont continuellement présents chez l'individu mais que certains se font plus sentir que d'autres à certains moments. Lorsqu'un groupe de besoins est satisfait, un autre prend progressivement le relais, dans le respect de la hiérarchie.

Ces cinq niveaux de besoins sont autant de terrains de jeux pour les manipulateurs. Certains agissent de manière basique sur le besoin de survie de l'autre, par exemple en le privant de sommeil ou de sexe. D'autres agissent sur le besoin d'appartenance en coupant en isolant leurs victimes de leurs groupes d'appartenance. D'autres encore, à un stade de manipulation plus pervers, agissent sur le besoin de reconnaissance en dénigrant en permanence leur victime. Le manipulateur agit sur les cordes sensibles qui existent en chacun de nous. En jouant sur les besoins, en les conditionnant, il fait planer l'image du manque.

La stratégie antimanipulation consiste à **identifier clairement ses besoins et à ne jamais laisser le manipulateur s'incruster dans cette sphère.** Dans les deux cas de figures suivants, il ne vous reste plus qu'une seule solution : dire stop et renoncer à la relation dans les deux cas de figure suivants :

- **Si vos besoins ne sont pas satisfaits**. Par exemple, le manipulateur vous empêche d'avoir des relations avec les autres, il vous coupe de votre entourage amical ou de votre famille.
- **Si la satisfaction de votre besoin est soumise aux conditions de l'autre**. Il peut par exemple vous faire miroiter la satisfaction de ce besoin si vous faites ce qu'il attend de vous : « Si tu fais cela, je t'aimerais toute ma vie. » À l'inverse, il peut vous menacer de vous priver de la satisfaction de ce besoin si vous ne faites pas ce qu'il vous demande. Par exemple, s'il vous dit « Si tu ne fais pas ça, je ne t'aime plus. ».

La pyramide des besoins d'Abraham Maslow

5. RÉALISATION DE SOI

- S'épanouir sur le plan personnel
- Pouvoir agir pour son développement personnel

- Se former
- Donner son avis sur son travail
- Être autonome
- Être respecté et écouté

4. RECONNAISSANCE/ESTIME

- Être reconnu et apprécié
- Être autonome, indépendant

- Faire un travail utile
- Être apprécié par ses collègues et ses chefs
- Pouvoir définir ses objectifs
- Pouvoir exprimer toutes ses compétences

3. APPARTENANCE

- Faire partie d'un groupe
- Pouvoir s'exprimer

- Entretenir des relations avec des collègues

2. SÉCURITÉ

- Assurer son confort matériel
- Avoir les moyens de s'occuper de sa santé

- Avoir un emploi stable
- Se sentir épaulé quand cela est nécessaire

1. SURVIE

- Manger
- Boire
- Dormir
- Se chauffer
- Se reproduire…

- Travailler dans des conditions acceptables
- Recevoir un salaire…

Besoins de la sphère personnelle | **Besoins de la sphère professionnelle**

Chapitre 3

Apprenez à dire non aux autres… et à vous dire oui à vous !

ASSERTIVITÉ ET AFFIRMATION DE SOI

En situation de manipulation, les personnes manipulées ont du mal à faire valoir leurs idées, leurs attentes, leurs besoins. Leur identité même est attaquée, niée. En proie au doute, à l'ambiguïté, elles sont incapables de faire preuve de ce que l'on appelle l'assertivité.

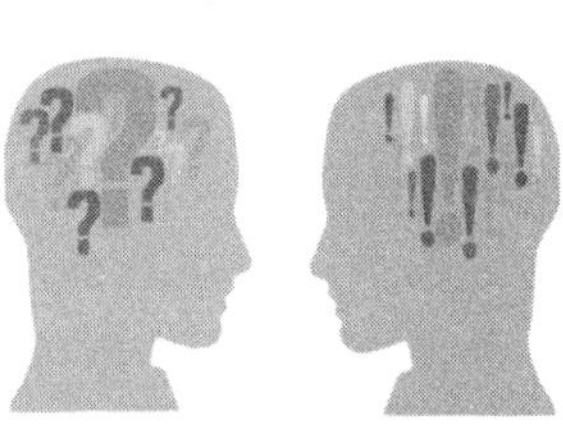

QU'EST-CE QUE L'ASSERTIVITÉ ?

› L'assertivité (issu de l'anglais *to assert*, affirmer, soutenir) est la capacité à énoncer des assertions, c'est-à-dire des propositions affirmatives ou négatives qu'on avance et qu'on donne comme vraies, dans le respect de l'autre. C'est la capacité à exposer et à défendre son point de vue sans nier celui de l'autre, à faire valoir ses idées sans dénigrer celles de l'autre.

Le manque d'assertivité est une constante chez les personnes manipulées. Mais celui-ci ne se joue pas seulement dans les situations de manipulation. Il fait partie du caractère même des victimes de manipulateurs. Quelle que soit la situation, elles ne parviennent pas à dire non, à s'opposer, à faire valoir ce qu'elle veut vraiment.

Travailler son assertivité, sa capacité à dire non et à faire valoir ses idées est une solution très efficace pour sortir de la manipulation, et pour éviter de retomber à nouveau dans les griffes d'un manipulateur. Alors que la manipulation crée la confusion et le doute, l'assertivité va permettre *a contrario* d'établir une position de certitude, de vérité. L'objectif est de tenir son choix, son désir, sa position comme fondatrices de son identité. La démarche assertive va permettre à la personne manipulée de restaurer, à travers le langage et le discours, son identité, de poser des actes et des mots qui prennent appui sur des certitudes personnelles, de se poser face au manipulateur non plus comme une victime mais comme un individu intègre qui sait dire « non » et poser des limites à l'autre.

APPRENDRE À DIRE NON DE MANIÈRE ASSERTIVE

Savoir dire non de manière assertive, c'est savoir s'opposer à l'autre tout se confortant à soi-même, en faisant valoir ses propres valeurs, désirs et besoins. Et cela s'apprend ! Pour cela, il existe de nombreux petits exercices faciles à faire au quotidien. Entraînez-vous !

L'entraînement quotidien

Pour apprendre à dire non, rien de tel que de s'entraîner au quotidien, dans les situations les plus ordinaires. Chaque jour, forcez-vous dire à dire « non » trois fois, dans trois situations différentes. Osez également prendre position, faire valoir votre avis, dire quelque chose alors que, d'habitude, vous vous taisez... Cet exercice peut vous sembler un peu bête mais vous vous rendrez rapidement compte que ce n'est pas si simple ! Mais en persévérant, vous ferez des progrès et dire non ne vous semblera plus insurmontable.

Exemples de situations pour vous entraîner :

› *À la boulangerie, demandez un éclair au chocolat à la vendeuse. Laissez-la l'emballer. Puis dites-lui : « Ah non attendez, finalement, je vais prendre un éclair au café s'il vous plaît. »*

› *Vos parents vous invitent tous les dimanches midi pour le déjeuner ? Cette semaine, déclinez l'invitation !*

› *Votre boss vous demande de décaler votre jour de RTT au lendemain ? Dites-lui non.*

La réitération de la demande

Le but de cet exercice est de parvenir à ne jamais lâcher sa demande, son désir ou son besoin de l'esprit, jusqu'à ce que cette demande, ce désir ou ce besoin soient reconnus par l'autre.

En pratique : dès que quelqu'un semble nier votre demande, déterminez clairement quel est votre désir ou votre attente à vous. Puis efforcez-vous de répéter plusieurs fois de suite cette jusqu'à ce qu'elle soit prise en compte.

> ***Exemple :***
> ❯ *Un démarcheur à domicile sonne à votre porte pour vous vendre un aspirateur. Il est très insistant. Mais vous n'avez aucun besoin d'acheter du matériel électroménager. De plus, vous êtes en train de cuisiner et vous n'avez aucune envie d'être dérangé. Votre objectif : faire comprendre cela au démarcheur, sans faire preuve d'agressivité (à savoir lui fermer la porte au nez).*

Situation	Mon besoin/ mon désir	La phrase à répéter
Un démarcheur veut me vendre un aspirateur.	❯ Je n'ai aucun besoin d'un aspirateur. ❯ Je suis en train de cuisiner, je ne veux pas dérangé.	« Je ne suis pas intéressé, je n'ai pas de temps à vous accorder. »

Les tampons Accepté/Refusé

Dans chaque situation, vous avez le choix entre dire « oui » et dire « non ». Pour vous aider à faire le choix du non en toute conscience et avec toute votre conviction, vous pouvez avoir recours à certains symboles.

En pratique : imaginez que vous avez deux tampons entre les mains, un « Accepté » et un « Refusé ». Sur chaque proposition que l'on vous fait, quel tampon allez-vous appliquez ? Cette attitude, qui peut vous sembler un peu binaire, a toutefois le mérite de clarifier les choses.

Variantes : vous pouvez faire le même exercice en utilisant des panneaux de circulation : la flèche vous indiquant que vous pouvez y aller, et le panneau Stop quand vous n'êtes pas d'accord.

Exemple :

› *Votre sœur vous demande, pour la troisième fois ce mois-ci, de garder ses enfants une soirée pour qu'elle puisse sortir avec ses copines. Quel panneau allez-vous saisir ? Si c'est le panneau Stop ou le tampon Refusé, expliquez simplement les raisons de votre choix à votre sœur : vous l'avez déjà beaucoup aidée (c'est la troisième fois ce mois-ci) et, cette fois, vous lui dites non. Il est inutile de lui dire que vous êtes désolée ou que vous vous excusez.*

L'écoute des sensations

Une personne qui manque d'assertivité a souvent tendance à laisser parler sa raison plutôt que son cœur. Et si vous preniez le temps d'écouter un peu plus ce que vous dit votre intuition ?

En pratique : quand on vous fait une demande, prenez quelques secondes pour analyser la réaction de votre corps ou votre première intuition. Si vous sentez le moindre mouvement de recul ou de protection, si intérieurement, vous sentez un petit malaise, le cœur qui s'accélère etc., c'est que la proposition que l'on vous fait ne vous sied pas, qu'elle n'est pas en accord avec vos besoins, vos envies ou vos convictions.

Exemple :

› *Votre patron vous demande de faire des heures supplémentaires ce week-end. Tout de suite, vous pensez au fait que vous avez promis d'emmener vos enfants au zoo. Si vous dites oui, vous serez très triste de leur annoncer que cette visite va être annulée. Mais votre raison prend rapidement le dessus : si vous n'acceptez pas de faire des heures supplémentaires, vous pensez que cela va remettre en question votre éventuelle promotion. Alors, entre le cœur et la raison, vous choisissez quoi ?*

Le tableau des désirs

Dire non à l'autre, ce n'est pas seulement une attitude de négation ou de refus. C'est aussi dire oui à ses propres besoins et ses propres désirs ! Pour vous en convaincre, faites l'exercice suivant.

En pratique : dans chaque situation où vous êtes amené à dire non, remplissez le petit tableau ci-dessous. Dans la première colonne, décrivez ce à quoi vous voulez dire non. Et dans la seconde, décrivez ce à quoi vous dites oui si vous dites non à la précédente proposition. Enfin, dans la troisième colonne, demandez-vous ce que vous voulez vraiment. Focalisez-vous sur vous et rien que vous, en oubliant ce que vont penser les autres ou comment ils vont réagir. Concentrez-vous sur les conséquences que ce non aura sur vous et non sur autrui.

Exemple :

› *L'été prochain, vous avez prévu un mois de vacances pour partir en vacances en famille à l'autre bout du monde. Or votre supérieur vient de vous convoquer pour vous annoncer que, suite aux réorganisations dans votre service, il vous propose un poste différent, avec une petite augmentation de salaire. Mais cela implique que vous renonciez à votre mois de vacances et que vous ne partiez qu'une petite semaine. Avant de donner votre réponse, prenez le temps de la réflexion pour savoir ce que vous voulez vraiment.*

Si je dis non à…	Cela veut dire que je dis oui à…	Qu'est-ce que je veux vraiment ?
Un poste différent, avec une petite augmentation de salaire.	Mon projet de partir en vacances en famille à l'autre bout du monde pendant un mois.	Partir en vacances !

L'analyse des pensées négatives

Il est toujours plus facile de dire non dans certaines situations que dans d'autres. Pour certaines personnes, le problème est particulièrement présent dans la sphère professionnelle, quand il s'agit de s'opposer à un supérieur ou un collègue. Pour d'autres, le plus difficile est de dire non à un ami ou à un membre de sa famille… Prendre conscience de ses propres difficultés en la matière est essentiel.

En pratique :
Étape 1 : listez les situations de la vie quotidienne dans lesquelles vous avez été capable de dire non, de vous opposer et celles dans lesquelles vous avez dit oui abusivement.

Les situations où j'ai été capable de dire non	Les situations où j'ai dit oui sans le vouloir vraiment
› Quand mon frère m'a demandé de lui prêter 200 €. › Quand ma fille de 15 ans m'a demandé si elle pouvait partir en week-end avec une copine.	› Quand mon supérieur m'a demandé si je voulais bien me charger de ce dossier supplémentaire. › Quand un ami m'a invité à une soirée où je n'avais aucune envie d'aller.

Étape 2 : prenez le temps de faire un petit comparatif.

- À qui ou dans quel contexte savez-vous dire non ?
- À qui et dans quel contexte ne réussissez-vous pas à dire non ?
- Pourquoi, dans les situations de la première colonne, avez-vous réussi à dire non ? Et pourquoi, dans les situations de la deuxième colonne, n'avez-vous pas réussi à dire non ?

Étape 3 : concentrez-vous maintenant sur chacune des situations où vous n'avez pas su dire non. Quelles ont été vos émotions et vos pensées juste après cette demande ? Qu'est-ce qui vous a empêché de dire non ?

Situation où je n'ai pas réussi à dire non	Émotions	Pensées
Quand mon supérieur m'a demandé si je voulais bien me charger de ce dossier supplémentaire.	Peur, anxiété	« Il va croire que je suis un tire-au-flanc, que je ne fais pas d'efforts. » « Je n'aurai jamais de promotion. »

Vous vous apercevrez que, dans la plupart des cas, la peur empêche de dire non et de s'affirmer : la peur d'être jugé (comme une personne fainéante, comme un rabat-joie...), la peur de blesser ou de décevoir l'autre, la peur de ne pas être aimé, la peur du conflit... Ces émotions sont associées à des pensées négatives. Prenez le temps de transformer ces pensées négatives en pensées plus positives et plus réalistes, qui vous permettront de dire non plus facilement : « Ce n'est pas parce que je refuse ce dossier qu'il va me considérer comme un fainéant », « Refuser ce dossier va me permettre de ne pas bâcler les autres dossiers en cours, et mon supérieur ne peut qu'apprécier cela », etc. En effet, votre supérieur n'a peut-être plus en tête que vous avez trois autres dossiers plus importants à boucler : vous pouvez simplement le lui rappeler.

SACHEZ EXPRIMER VOS BESOINS

Apprendre à exprimer ses besoins est également un préalable indispensable à l'affirmation de soi. Poser clairement et précisément ses besoins permet de mettre des limites et de ne pas laisser un manipulateur empiéter sur sa sphère privée. Pour cela, le psychologue américain Thomas Gordon a élaboré une technique appelée les « messages-je ». L'idée centrale de cette méthode est, en cas de conflit ou de désaccord, d'éviter les « tu » + reproche et de privilégier les « je » + besoin. Pour exprimer votre besoin, utilisez la formule suivante :

Quand tu...
je me sens...
car j'ai besoin de
donc je te demande... afin que...

En clair, la méthode consiste à :
① dire les faits
② exprimer son émotion, son ressenti
③ formuler son propre besoin
④ apporter une solution

Exemple :

❯ *Votre ami est en retard. Vous avez le choix entre trois attitudes : vous taire, lui faire un reproche ou bien lui exprimer clairement ce que vous ressentez. La bonne attitude assertive réside bien sûr dans la troisième option. Au lieu de lui reprocher « Tu es encore en retard, comme d'habitude », voici ce que vous pouvez lui dire : « Tu es arrivé après l'heure qu'on avait fixée ensemble. Je me sens stressé car j'ai besoin que tu sois à mes côtés lors de ce rendez-vous. Donc je te demande de faire un peu plus attention la fois prochaine, afin que je sois rassuré. »*

À vous maintenant de vous entraîner à exprimer de manière claire vos besoins, en utilisant la formule suivante. Par exemple quand :

- votre mari ou votre femme a laissé traîner de la vaisselle sale...

Plutôt que de lui dire « Tu m'avais promis de faire la vaisselle, je ne peux pas compter sur toi », quelle formule pourriez-vous utiliser ?

- votre enfant a déchiré l'un de vos livres préférés...

Plutôt que de crier « Tu es vraiment insupportable », que pourriez-vous lui dire ?

Dans l'exemple 1 (votre conjoint a laissé traîner de la vaisselle sale), vous pouvez par exemple lui dire : « Je vois que tu n'as fait la vaisselle ce matin. Or tu m'avais promis de le faire. Je déteste rentrer à la maison et voir de la vaisselle empilée dans l'évier. Cela me stresse. J'ai besoin que la maison soit rangée le soir. La prochaine fois, dis-moi clairement que tu n'as pas le temps de la faire, et je m'en chargerai. »

Dans l'exemple 2 (votre enfant a déchiré l'un de vos livres), vous pouvez lui dire : « Tu as abîmé mon livre préféré, et cela me rend très triste car j'y suis très attachée. J'ai besoin que tu ne touches pas à mes affaires. Pour éviter que cela ne recommence, je vais ranger mes livres dans cette étagère. Ainsi, tu sauras que ce sont les miens et que tu ne peux pas y toucher. »

CONCLUSION

La manipulation comme procédure de communication a infiltré tous les rapports humains. Au niveau professionnel, dans la famille ou dans le couple, elle est devenue un moyen d'influence ou de défense. Dans ce livre, nous avons détaillé les moyens de reconnaître ses mécanismes, et les outils pour ne plus être sous son influence. Ces techniques se veulent délibérément faciles à mettre en œuvre.

Mais, face aux attaques de manipulation perverse et à la violence de ces prédations, il est parfois difficile de faire face seul. La manipulation dans ses aspects les plus brutaux laisse parfois des traces et des souffrances dont il est difficile de se défaire. Dans ces situations, il est nécessaire d'accepter une aide extérieure pour remettre de l'ordre dans ses pensées et dans ses émotions. Le simple fait de nommer les choses et d'être reconnu comme victime d'une manipulation permet souvent de sortir de l'état de confusion dans lequel on peut se trouver.

Grâce à la relation de confiance qu'il instaure, le soutien psychothérapeutique permet de restaurer des échanges qui rétablissent la clarté et la pleine raison dans la vie psychique. Il n'y a pas de fatalité face à la manipulation même si elle est exercée par des personnalités perverses. Il en est de même de la manipulation comme de la magie : plus on lui accorde de la puissance, plus elle agit sur nous. Le pire des pervers narcissiques ne peut rien si on garde l'esprit clair et la tête froide. L'indifférence est l'arme fatale. Contre toute manipulation, il existe des solutions !

EN SUPPLÉMENT

Vous pensez avoir affaire à un manipulateur ?

Pour savoir si c'est vraiment le cas, téléchargez notre bonus avec trois tests :

- Reconnaître un manipulateur au travail
- Reconnaître un manipulateur dans le couple/la famille
- Reconnaître un manipulateur dans l'amitié

Rendez-vous sur la page

http://quotidienmalin.com/tests-manipulateurs

ou scannez ce code

Pour scanner le QR code avec votre téléphone ou votre tablette, téléchargez sur votre magasin d'applications mobiles (App Store, Android market, etc.) une application permettant de lire les QR codes. Lancez l'application et visez le QR code avec l'appareil photo de votre téléphone mobile. L'application reconnaît automatiquement le QR code et vous permet de voir son contenu sur votre écran.

Vous pouvez également accéder au contenu via le lien indiqué, il vous suffira pour cela de taper ce lien directement dans la barre de recherche de votre navigateur Internet.

Achevé d'imprimer en Espagne
par BlackPrint CPI Ibérica S.L.
Sant Andreu de la Barca (08740)
Dépôt légal : novembre 2016